マッキンゼー式

世界最強の問題解決テクニック

イーサン・M・ラジエル
ポール・N・フリガ
嶋本恵美、上浦倫人 共訳

SB文庫

The McKinsey Mind
by E. Rasiel and P. Friga

エマ、ジェシカ、タリアへ

――イーサン・M・ラジエル

メレディス（動機）、母（目標）、父（好奇心）、リド（エネルギー）へ

――ポール・N・フリガ

はじめに

本書について

世界有数の経営コンサルティング会社であるマッキンゼー・アンド・カンパニーの元アソシエート、イーサン・M・ラジエルによる『ザ・マッキンゼー・ウェイ』（邦訳『マッキンゼー式 世界最強の仕事術』、二〇〇一年四月、英治出版）が一九九九年二月に出版された。この本は、ラジエル自身の体験やマッキンゼー卒業生のユーモラスな逸話なども織り込んで、クライアントの効率と効果を向上させるためにマッキンゼーのコンサルタントが用いるテクニックを紹介したものである。また、社員が「ファーム」と呼んでいる、外部にはあまり知られていない組織の日常を、赤裸々に描いている。

その『マッキンゼー式 世界最強の仕事術』では、社内で「エンゲージメント」と呼ばれている典型的なプロジェクトに沿って、マッキンゼー式コンサルティングを説明した。エンゲージメントの売り込みから始まり、解決策がどのように生み出されるのかを順を追って紹介している。さらに、マッキンゼーのコンサルタントが、難しいビジネス課題と取り組むときの思考プロセスについても簡単に触れた。

必然的に、『マッキンゼー式 世界最強の仕事術』（以下『仕事術』と略す）では、実践的な技法を提示するより説明が多くなったが、本書『マッキンゼー式 世界最強の問題解決テクニック』では、逆のアプローチで進めたいと思う。『仕事術』がマッキンゼーの社内の仕事ぶりに主眼を置いていたのに対し、本書では、どうすればマッキンゼーの方法を自分のキャリアや組織に応用できるかを論じている。この目的を果たすために『仕事術』を基盤として話を進めていくが、異なる見方も提供していく。

ただし、『仕事術』を読んでいなくても、この本を理解し活用するには、まったく支障がないことを強調しておきたい（もっとも、著者のラジエルとしては、この本を読んだあとで前書も購入していただけたら非常に嬉しいが）。というのも、本書では各章の初めに〈マッキンゼーのテクニック〉という項を設け、『仕事術』で学んだことを要約してあるからだ。

そもそも、『仕事術』（および本書）で述べている問題解決やマネジメントのテクニックは、誰にでも使いこなせるもので、マッキンゼーの社員や出身である必要などまったくない。とは言うものの、マッキンゼーは世界に類を見ない組織である。コンサルタントたちは、他社では経営幹部でさえなかなか利用できないような資源を要求できる。それにフラット型の組織であるため、若いコンサルタントでもピラミッド型の職場では考えられないような決定を下し、アイデアを提示できる。

また、コンサルタントたちがクライアントと仕事をするときは、他社の大半の経営幹部にも優るアクセスや行動の自由がある。それを考えれば、本書で私たちがすべきことは、マッキンゼーのような特異な利点のない組織でも『仕事術』を実践できるように調整することだと痛感した。

幸いなことに、その点に関しては情報を探すまでもなかった。本書執筆のために七五人以上のマッキンゼー卒業生と面接し、アンケート調査に答えてもらったが、これらの人たちは、マッキンゼーの手法や戦略を他の組織で実行して成功を収めている。マッキンゼー退社後、世界各地の企業や政府で最高経営責任者（CEO）、起業家、高級官僚などになっている人たちだ。マッキンゼー以外の組織で使えるテクニックとそうでないものを理解しているのは、この人たちをおいて他にはいない。

そういうわけで、本書に示されている問題解決テクニックと意思決定のプロセスは、大いなる成功を収めているマッキンゼーの方式に基づいているものの、マッキンゼー卒業生が退社してから就いた職場での経験に裏打ちされ、「現実の世界」に適合させたものである。その点では、いっそう強力なものになったと信じている。本書にはさらに、読者のみなさんがこのプロセスを実行するときに必要になるマネジメント・テクニックと、提案を組織全体に伝えるためのプレゼンテーション戦略も盛り込んでいる。

マッキンゼーについて

マッキンゼー・アンド・カンパニーにあまりなじみのない読者のために、現社員も元社員も「ザ・ファーム」と呼んでいるこの組織について簡単に説明しておこう。

マッキンゼーは一九二三年に創設され、世界で最も成功している戦略コンサルティング会社である。現在、世界各地に八四のオフィスがあり、国籍数が八九にのぼる約七〇〇〇人のプロフェッショナルを擁し、今なお増えつづけている。大手会計事務所にはもっと事業規模が大きいところもあり、マッキンゼーは世界最大とは言えないにしても、最も名だたる戦略企業体であることはまちがいない。マッキンゼーのクライアントは、世界トップ企業一五〇社のうちの一〇〇社、米国の数多くの州・連邦機関、外国政府など、一〇〇〇以上を数える。マッキンゼーは国際ビジネス界の一流ブランドである。

マッキンゼーの現在およびかつての幹部パートナーには、個人としても国際的に著名な人が数多くいる。S&L（貯蓄貸付組合）危機の際、上院銀行業務委員会に助言をしたローウェル・ブライアン。世界中のCEOに読まれている、優れた業績をあげるチーム・マネジメントに関する本を著したジョン・カッツェンバック。さらに、マッキンゼー退社後、世界各地で高い地位に就いた人たちがいる。たとえば、マネジメントの権威で、『エクセレント・カンパニー』註（〔上・下〕、講談社文庫）の共著者でもあるトム・ピーターズや、IBMの会長兼CEOを務めたルイス・ガースナーである。

マッキンゼーは、その卓越した地位を維持し、高額な報酬を得るために、毎年、ビジネス・スクールの卒業予定者のなかからトップ中のトップを選び出す。優秀な学生にとって魅力なのは、高給、マッキンゼーの能力主義的ヒエラルキーを猛スピードで駆けあがる可能性、ビジネス界のエリートとあいまみえるチャンスなどだ。その見返りとしてマッキンゼーが要求するのは、顧客サービスに全身全霊を傾け、何週間も何カ月も自宅と家族から離れて働くようなハード・スケジュールを引き受け、最高の質の仕事だけをすることである。このマッキンゼー基準を満たせば、いとも迅速な昇進が可能となる。逆にこの基準に達しなければ、「上か外か」の厳しい規則によって組織から出なければならなくなる。

強力な組織の例に洩れず、マッキンゼーには共有される価値観、共通の経験を基盤に

註　原著タイトルは、*In Search of Excellence*

培われた確固たる企業文化がある。すべてのマッキンゼー人が、同じ内容の厳しい研修プログラムを終え、同じように夜遅くまでオフィスに残って仕事をする。そのため外部から見ると、マッキンゼーは一枚岩的で、近づきがたいと思われるようだ。最近出版されたある経営コンサルティングの本では、イエズス会修道院にたとえられていたくらいだ。

マッキンゼーには独特の隠語がある。まず、EM、ED、DCS、ITP、ELT、BPRといった略語が多用されている。マッキンゼー人は、自分に割り当てられた任務やプロジェクトを「エンゲージメント」と呼び、一つのエンゲージメントを担当するチームは、「価値を付加」することを追求して「キー・ドライバー」を探す……。こうした隠語のほとんどは、他のたいていの業界用語と同じく、内部コミュニケーションのための便法にすぎない。しかしこのなかには、意味を理解すれば、外部の人たちにも便利に使える言葉もある。

問題解決プロセスについて

私たちがベンチマークとするのは、マッキンゼーで実践されている問題解決プロセスである。最も抽象的なレベルでは、マッキンゼーはクライアントが抱える戦略的課題への解決策を明らかにし、場合によっては解決策の実行を手伝う。二四ページの**図A**は、問題解決の理論モデルを図示したもので、プロセスが六つの要素に分けられている。本書では、このモデルの中央の三角形に焦点を合わせることにする。

●ビジネス課題——クライアントに問題か、何らかのニーズがなければ、問題解決は不要だ。ビジネス上の解決すべき課題は、競争力、組織、財務、事業の面で発生する。

●分析——組織において何が問題であるかを突き止められれば、自力であれ、マッキンゼー（もしくは他の外部アドバイザー）の助けを借りてであれ、解決策を求めて一歩を踏み出すことができる。事実に基づき仮説を利用したマッキンゼーの問題解決プロセスの第一歩は、問題の構造を捉えることである。つまり、問題の範囲を明らかにし、構成要素に分解し、問題解決にあたるチームが解決策に向けた仮説を立てられるようにする。第二のステップは分析の計画、つまり、仮説を立証するにはどういう分析が必要かを決めること。次に、分析に必要なデータの収集がつづく。最後に、分析の結果を解釈して、仮説が立証されるかされないかを見極め、クライアントがとるべき措置を考える。

図A　戦略的問題解決のためのモデル

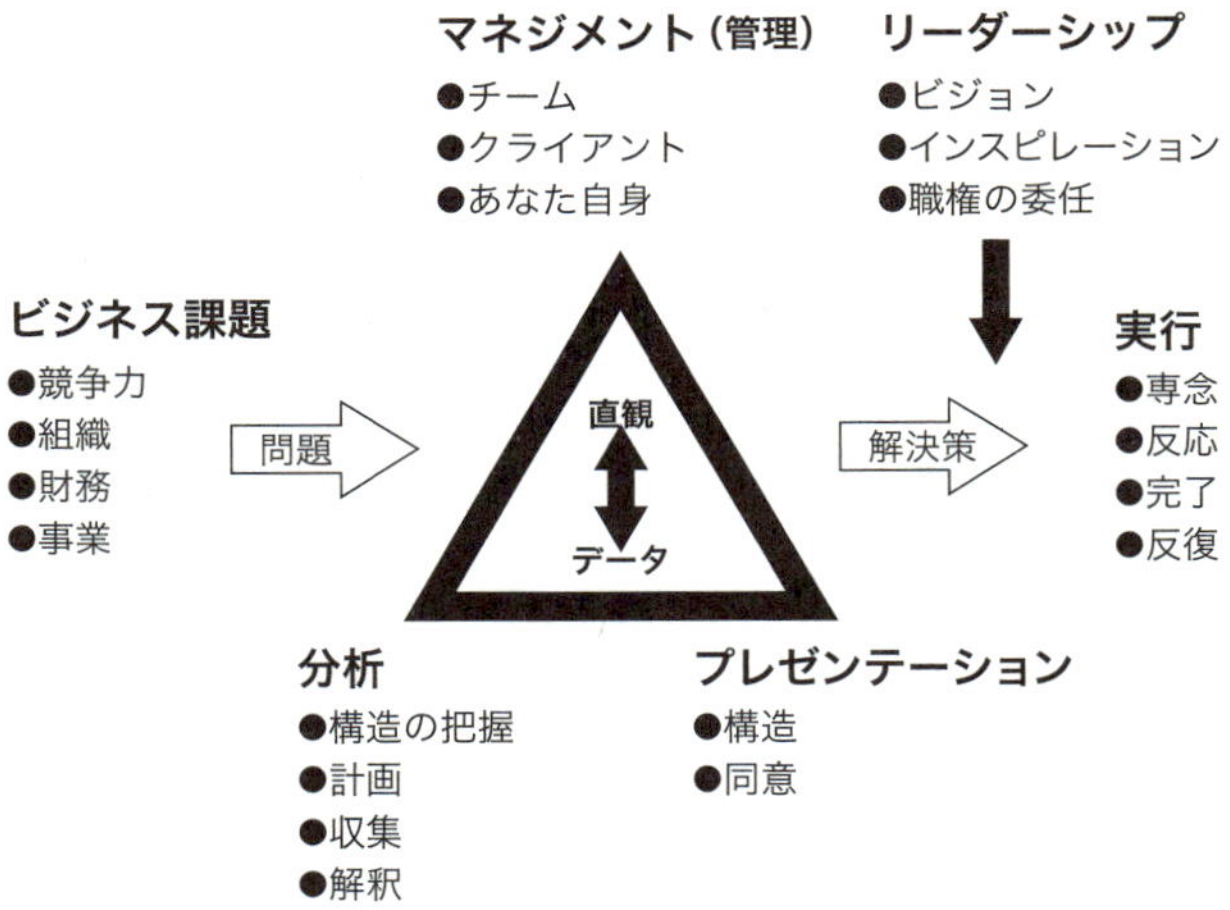

●プレゼンテーション——解決策を見つけられたとしても、それをクライアントに伝えて受け入れてもらうまでは、まったく無価値である。受け入れてもらうためには、あなたの考えが出席者に明確かつ正確に伝わり、解決策に同意が得られるように、プレゼンテーションを構造化する必要がある。

●マネジメント（管理）——問題解決プロセスを成功させるには、それぞれの段階で、きちんとマネジメントすることが必要だ。まず、問題解決にあたるチームに対しては、編成、動機づけ、育成を適切に行なう。クライアントに関しては、問題解決プロセスや解決策を逐一知らせ、巻き込み、影響をあたえつづける。チームの各メンバー（つまり、読者のみなさん）に関しては、「燃えつきる」ことなくクライアントとチームの期待に添えるよう、生活と仕事のバランスを考える。

●**実行**――解決策が組織に受け入れられると、次はいよいよ実行である。そのために必要なのは、組織内で十分な資源を投入し、実行中に障害に出くわしたときに組織がタイミングよく反応し、全面的な実行に向けて組織が集中することである。さらに、組織においては、継続的改善につながる反復のプロセスを設けなければならない。このプロセスでは、実行を再評価し、再評価の過程で必要だとわかったさらなる変更に組織が対応することが求められる。

●**リーダーシップ**――解決策が実行されるときに求められるのがリーダーシップである。組織のトップにいる人たちは、組織全体の戦略的ビジョンを考え、実際に実行に携わる組織の人たちにインスピレーションをあたえる立場にある。さらに、実行が組織の隅々にまで行きわたるように、権限の委譲に関して正しい判断を下すことが求められている。

もう一つ、このモデルには「直観」と「データ」の均衡という部分がある。問題解決は真空状態では起こらない。マッキンゼーといえども、一つの問題に投入できる資源は限られており、限られた時間内に解決しなければならない。私たちはマッキンゼー式の「事実に基づく問題解決」を主張しているものの、決断に至る前に、関連のある事実をすべて手元に揃えるのは実際のところ不可能だと認識している。そのため、経営幹部の大半は、事実と直観の双方に基づいて決断を下すことになる。これらの長所と短所についてはあとで述べるが、この時点では、信頼できる決定は「双方のバランスがとれている」とだけ言っておく。

すでに述べたように、本書では、マッキンゼーのコンサルティング・チームの日常業務のうち、中央の三角に示してあるコンサルティングのプロセス、すなわち「分析」「プレゼンテーション」「マネジメント（管理）」を見ていく。

第1章から第4章までは、事実に基づいた仮説主導の問題解決プロセスを取りあげ、あなたの組織で発生した複雑な問題と取り組むとき、それをどう活用すればよいかを説明する。

第5章では、プレゼンテーションの戦略に目を向け、対象が上司、取締役会、会社全体のいずれの場合でも、あなたの考えが最大のインパクトとともに伝わるテクニックを紹介する。

最後に、第6章から第8章で、あなたの問題解決に向けた努力がスムーズに進むように、必要なマネジメント・テクニックを見ていく。

ただし、問題解決モデルの残りの三つ、「ビジネス課題」「リーダーシップ」「実行」については、本書の範囲外であり、別の機会に譲りたいと思う。

本書は、どの章も基本的な構造が同じである。各章（第2章を除く）は、二つ以上の項に分かれている。各項は、扱うテーマの簡単な説明から始まり、前書のポイントを要約した〈マッキンゼーのテクニック〉、次に、新たにマッキンゼー卒業生から学んだ教訓と成功をおさめた〈マッキンゼーでの教訓と成功例〉を紹介し、そのあとで、あなたがこれらの教訓を実行するときの〈活用・実践ガイド〉が記してある。各項の末尾には〈練習問題〉があるので、その項の教訓を理解し、実践するのに役立ててもらいたい。

本書は、問題解決プロセスの初めから終わりまで順にたどっているので、少なくとも最初は通読することを勧めたい。とはいえ、各章はそれぞれがほぼ完結しており、あなたにとって興味や関連があるテーマについて、参考書のように使えるだろう。本書を全部読み通す余裕がない場合、せめて第1章を読んでから、他の章に進むとよい。他の章でも、第1章で述べた概念に言及することが非常に多いからである。どのような読みかたをしても、読者が問題解決および意思決定の能力を伸ばすのに役立つことを願っている。

用語について

本書では、必ずしも一目瞭然ではない用語がいくつか用いられている。混乱を避けるため、最も重要な用語について簡単に説明しておきたい。

●クライアント――マッキンゼー式コンサルティングの場合、クライアントが何を意味するかは明白であり、「問題の解決を依頼した組織」のことである。しかし、本書ではこの言葉をもっと広い意味で用いており、内部・外部を問わず、あなたに問題の解決を任せたすべての人を意味している。だから「クライアント」とは、大企業で働いている人にとっては会社もしくは事業部であり、起業家にとっては自分自身と自分の顧客だということになる。

●マッキンゼー人――マッキンゼーの社員について、一般に認められた呼称はない。前書では他の呼び方（なかには必ずしも誉めていないものもある）ではなく「マッキンゼー人」を選んでおり、本書でも引きつづき、これを用いる。

●**卒業生**――マッキンゼーでは、退社の理由とは関係なく、元社員（今では一万人を超えている）のことをこう呼んでいる。このほうが他の呼称（「元マッキンゼー人」や「かつてのマッキンゼー人」など）よりすっきりしているので、本書でも用いることにする。

●**ザ・ファーム**――マッキンゼー人は雇用主のことを「ザ・ファーム」と呼んでおり、これはＣＩＡやＦＢＩといった秘密のベールに包まれた米国政府機関のことを、職員が「ザ・カンパニー」と称するのと相通じるところがある。マッキンゼー卒業生は、かつての雇用主について語るとき、いまだにこの呼称を用いる。マッキンゼー卒業生である私たちも、そうしているというわけだ。

守秘義務について

秘密を守ることは、マッキンゼーにおける絶対的な善の一つである。マッキンゼーでは、秘密は厳守される。すべてのマッキンゼー人は、たとえ退社したあとでも、ファームおよびそのクライアントの秘密情報を絶対に漏らさないことに同意している。私たちは、その約束を破るつもりはない。さらに、本書執筆の準備中に数多くのマッキンゼー卒業生と話したりメールのやりとりをしているとき、情報源を明らかにしないことを条件に教えてもらったことがある。そういうわけで、本書に出てくる企業や人物の多くは偽名にしてある。

私たちは、今から紹介する問題解決とアイデア伝達のための強力な方法論が、あなたとその組織に必ず役立つと信じている。本書を読み終わったとき、みなさんもそう思われることを願っている。

では、いよいよ、「マッキンゼー式　問題解決テクニック」に踏み込むことにしよう。

目次

3 データを収集する

2 面接調査のテクニック 116

2

最終結果を生み出す

4

成長を促す 253

1
問題の構造を把握する

マネジメント
- チーム
- クライアント
- あなた自身

分析
- ➡ 構造の把握
- 計画
- 収集
- 解釈

プレゼンテーション
- 構造
- 同意

ガイダンス

ビジネス課題の構造を把握し、事実に基づいた厳密な分析ができる状態にするのは、マッキンゼーのコンサルタントにとって最も重要なスキルの一つである。いや、それ以上に、マッキンゼー人であることを証明するものだ。なぜなら、問題を構造化された仮説主導の方法で解決できないようでは、そもそもマッキンゼーに採用されていないはずだからだ。

マッキンゼー式の問題解決プロセスは、構造化されたフレームワーク（枠組み）を用いて、事実に基づいた仮説を立てることから始まり、次に、仮説を証明するか、あるいは反証するためのデータ収集と分析がつづく。仮説は、調査・分析を進めるときのロードマップといったところだ。

これによって解決策の探求が大いにスピードアップし、解決策のプレゼンテーションに至るまで、問題解決プロセスを通して作業の指針となる。この方式は、マッキンゼー卒業生の退社後のキャリアでも真価を発揮しているので、まず、このプロセスをマッキンゼー以外の会社に適応させる方法から見ていくことにする。

この章では、目の前のビジネス課題に構造をあてはめるにはどうするか、さらに意思決定をスピードアップする仮説を立てるにはどうするかについて説明する。では、マッキンゼー式の問題解決プロセスの基礎である構造（ストラクチャー）から始めよう。

1 構造を把握する

マッキンゼーでは問題解決について述べるのに「事実に基づく」という表現がよく用いられるが、問題解決プロセスの第一歩は事実ではなく構造（ストラクチャー）である。一口に構造と言っても、問題解決のための特定のフレームワークを指すこともあれば、もっと一般的に、構成要素に分解できるように問題の境界を示すもののこともある。いずれの場合も、マッキンゼーのコンサルタントが、直面する問題点を素早く把握でき、可能性のある解決策について仮説を立てることができるのは、構造のおかげである。卒業生が証明しているように、構造の利点はマッキンゼー以外でも、たやすく利用できる。その次の段階が事実である。

マッキンゼーのテクニック

最初に、マッキンゼー人がビジネス課題に構造を応用する方法を要約しておこう。**MECE《ミーシー》を貫徹させる。**構造は、事実に基づいたマッキンゼーの問題解決プロセスに欠かすことができない。マッキンゼー人にとって構造は、ツールというより身についた習慣だ。ある卒業生など、マッキンゼーでの経験を「構造、構造、構造。MECE、MECE、MECE」と要約したほどである。MECEは「ミーシー」と発音し、「互いに重ならず、すべてを網羅する（Mutually Exclusive, Collectively Exhaustive）」の頭字語で、この概念はマッキンゼー式思考プロセスの基本の一つである。問題解決においてMECEであるというのは、問題が重複しない別個の問題点に分けてあり、しかも関連のある問題点を一つも見落としていないことを意味する。

初めての問題など存在しない。マッキンゼーは、構造化された問題解決での経験を大いに活用してきた。いくつものフレームワークを利用することにより、コンサルタントは、数多くの共通するビジネス状況の概要が素早く見えるようになる。あなたの組織にも独自のフレームワークがある場合、できればそれらを活用するべきだ。ない場合は、経験に基づいて問題解決のためのツール・キットを自分で作りあげることである。

クライアントは、それぞれが唯一無二。フレームワークは万能ではない。マッキンゼー人は、クライアントがそれぞれ唯一無二だと心得ている。どの組織の抱える問題でも、適当なフレームワークを利用して解決しようとするだけでは限界がある。この教訓は特に、ファームを離れてからのマッキンゼー人にあてはまる。

マッキンゼーでの教訓と成功例

マッキンゼーの構造化された問題解決アプローチは、マッキンゼー特有の条件が備わっていないところでも非常にうまくいく。マッキンゼー卒業生と話しているうちに、構造化された考え方の適切性および適応性について、いくつか具体的な結論に至った。

- 構造がないと、アイデアに説得力がない
- 構造を利用して、思考を強化する

では、これらが実際にどういう形で現われるのかを見ていく。

構造がないと、アイデアに説得力がない。あなたの会社で、あなたや同僚が仕事上の提案を仕上げて提示するとき、どういうやり方で進めているか思い浮かべてみよう。

しっかりした構造を用いているか、少なくとも、問題解決には本質的な首尾一貫性と論理が必要だということが重要視されているだろうか。それとも、構造として認識できるものや事実の裏づけもなく、場当たり的に決断に至るのがふつうだろうか。ファームを離れたマッキンゼー人たちは、多くの組織でずさんな思考プロセスが横行していることに衝撃を受けることが少なくない。

大半の人は、厳密で構造化された思考法を生まれながらに身につけているわけではない。だから学ぶ必要がある。ところがあいにく、このスキルが大学の教科課程に入っていることは稀で、社員に教えようにも、ほとんどの会社は、それだけの資源や意欲を持ちあわせていない。もちろん、マッキンゼーや一部の戦略コンサルティング会社は例外である。米国で最高の評価を得ている企業でさえ、構造化された問題解決を必ずしも重要視しているとはかぎらない。ビル・ロスは、ゼネラル・エレクトリック（GE）の輸送部門に入ってからそれを痛感した。

「GEの社員は、何か新しい状況が発生したら、すばやく動く。そういう企業文化なんだ。思考様式としては、〈問題点を見つけたら、完全にやっつけて、さっさと前進しよう〉といったもので、その通り見事にやってのける。問題点を調べて明確な実行計画を立てるのに時間をかけるようなことは、めったにしない。構造化されたアプローチには、GEの多くの社員が驚いたようだね。このアプローチを紹介したことで、付加価値をもたらすことができたと思っている」

業績がきわめて好調な会社でも、構造的な思考をコアコンピタンス（その企業固有の競争力の核）にさえ応用しないところがたくさんある。ポール・ケニーは、グラクソ・スミスクラインについてこう述べている。

「科学的視点からすると、研究所の多くは運任せのようなところがある。研究に投資し、目標はあるものの、その目標も発見された情報の結果によって変わることが多いんだ。現在、市場に出まわっている最良の薬のなかには、計画によってではなく、たまたま発見されたものがある。それなら、もっと市場に適した製品を創り出すように、臨床試験の計画を変更してもよかったのではないかと、あとになって思ったりする。価値を高める具体的な方法としては、研究開発の成果に任せきりにしないで、開発の早い段階で商業的なマーケティングをすると決め、製品がそれにふさわしい特徴を備えているように初めから考えておくことだ」

構造的な思考が、GEやグラクソ・スミスクラインといった世界有数の大企業でもあまり見られないのであれば、多くの組織において稀であろうことは想像できる。

事態をいっそう複雑にしているのは、一部の組織の企業文化が、まちがったタイプの構造に染まっていることだ。これもグラクソ・スミスクラインの例で、ここでは直線的かつ推論的な思考プロセスが健全な意思決定を妨げている。

「私たちのプロジェクト・リーダーは、薬の服用回数を、今の一日二回から一回に変更したがっていた。薬はまだ研究開発の初期段階だったたし、一日一回のほうが二回より良いというのは一般原則だ。そのほうが服用しやすいからね。それで結局、市場性に後押しされて、一日一回の投薬量で開発することになる。ところがプロジェクト・リーダーは、投資するかしないかという二者択一の決定をせまる提案をしたんだ。MECE方式であらゆる可能性に目を向けて一つ一つ検討したり退けたりしていけば、さまざまな選択肢があったかもしれないのに、そういうアプローチは思いもつかなかったらしい。

実際、選択肢はいくつもあるからね。たとえば、一日二回の服用で着手しておいて開発リスクを避け、薬の効能や市場性が証明されてから一日一回に切り替えるとか…。二者択一のアプローチは、価値の創造に必ずしも最良の方法ではない。コストやリスクの増大に見合うだけ、売り上げが伸びるとはかぎらないからね」

思考プロセスが不適切であったり、構造的な思考がまったく見られない状況があるため、マッキンゼー精神《マインド》を持った人が付加価値をもたらす余地は大いにありそうだ。**構造を利用して、思考を強化する。**大企業や新設の会社は言うまでもなく、非営利組織や政府機関といった会社以外のあらゆる組織で、マッキンゼー人は構造的な思考を応用し、組織に付加価値をもたらしてきた。たとえば、戦略的決定を下すには、組織の持つ能力と、その能力をどのように活用すれば業績が最大になるかを理解している必要がある。ジム・ベネットがキー・コーポレーションのリテール(小口顧客)銀行部門の会長在職中にしたことが、まさにそれであった。

「リテール銀行の会長に就任したのは、何が何でも営業を拡張しなければならないというような時期だった。銀行部門は会社の三分の一を占めていて、会社全体の業績を向上させるには、年間一〇%の伸びを達成する必要があったんだ。まず、それが可能かどうか、見極めなければならない。もちろん、それには銀行の実力を理解する必要がある。そこで登場するのが、イシューツリーだ(後述)。この作業が終わったときには、全部の〈枝〉にイエスかノーで答える質問がついているMECEなイシューツリーができていた。これのおかげで業績改善計画がまちがっていないことを確認できて、キー・コーポレーション最大の事業のライン責任者兼チーフ・ストラテジストとしては、本当に助かった。

ツリーは、まず自分で作って、それからみんなに見せて考え方を説明した。イシューツリーそのものは、どうも少々〈コンサルタント臭い〉と思われたようだが、それをちゃんと伝わるメッセージに言い換えることができたときは、必ずうまくいった。どこでも、どういう状況であってもね」

マッキンゼーのフレームワークを大企業で応用して成功した例を、もう一つ。当時、GEにいたビル・ロスが説明する。

「〈問題の構造を捉えること〉に関して私が出くわした最大の問題点には、〈自分たちが長期的に何を目指しているか理解しているか、また、成長戦略を考えてきたか〉という大きな問題が絡んでいた。多くの場合、答えはノーだった。そこで私は、他の経営幹部と個別に作業を進め、それから実際にマッキンゼーに依頼して、成長戦略について徹底的に話し合うために幹部チームとの作業部会を立ちあげた。これのおかげで私は同僚に情報を流せるようになったし、マッキンゼーで学んだフレームワークをいくつか紹介することもできた。同僚たちは、それらを目の当たりにして、ひらめくものがあったようだ」

大企業は予算もたっぷりあり、マッキンゼー式の手法を応用するのに理想的なところだと思われるかもしれない。何といっても、マッキンゼーのクライアントの大半はそういう組織だ。だが、それと同じ手法が新設の会社でも効果をあげると言ったら、驚かれるのではないだろうか。そのことをオモワレ・クレンショウは、アフリカのインターネット接続業者、アフリカ・ドット・コムで発見した。

「市場調査をして、われわれのターゲット市場、つまり海外在住アフリカ人とアフリカに関心を持つ人たち向けの製品とサービスをどのように開発するか決めなければならなかった。それには、アフリカ産のワインや、アフリカのインテリア装飾品、家具、アートといった産業を分析して、そのなかでターゲット市場にとって十分に魅力的なものを選ぶ必要がある。そこでマッキンゼーで学んだ構造的フレームワークの出番というわけだ。おかげで市場規模、競争環境、主だった関係者などをあっというまに把握でき、どれを選ぶべきか決めるのに役立った」

思考を構造化することは、ビジネス界以外でも価値を付加できる。クリントン大統領の首席補佐官代理を務めていたシルビア・マシューズはこう語る。

「連邦政府レベルでの問題解決は、ビジネス界より少し複雑だと言えるでしょう。損益や会社の評価ほどはっきりとは目に見えないものが関係してくるからです。とは言っても、同じ手法が応用できますよ。一九九六年に大統領の一般教書の作成を担当したときは、年頭の発表に向けて八月にとりかかり、まずは、〈柱プロジェクト〉と名づけた作業に取り組みました。これは一般教書の分野をすべてカバーするもので、あらゆる政策事例を何もかも同じアプローチで同じフレームワークに放り込んで、二期目の四年間で達成したいことを示すものです。次にこれを文書にまとめて、大統領と副大統領が夏休みに目を通せるようにしたんです。

気をつけたのは、問題は何か、その規模はどのくらいか、それについて政府は何をするつもりか、といった問題点をはっきりさせることでした。それから、成功するチャンスを高めるために、限定的に試してもよいと思っていることも示してありました。何かしたいけど、それは達成できるだろうか、資金はあるか、議会の支持は取りつけられるだろうか、政治的にどういう結果をもたらすか、といったことから派生してくるさまざまな問題点をカバーしたのです」

こうして見てきたように、構造的な思考はだいたいどのような組織でも役立つ。では、これをあなたが自分のビジネスやキャリアにどのように応用できるか見ていこう。

活用・実践ガイド

すでに見たように、構造的な思考はビジネス界の人たちが蓄えている問題解決能力の重要な要素である。これを使いこなすには、どうすればよいか。まず、構造は真空地帯にあるわけではなく、あくまで目標を見すえて用いなければならない。ビジネス課題の構造を捉えて解決するという場面では、混沌に秩序をもたらすことが目標となる。

現実を構造化する。現在、経営幹部や起業家のまわりには、とても使いこなせない量の情報が溢れている。こうしたデータの氾濫を管理するには、最も関連のある事実だけを選別するしかない。構造化された適切なフレームワークがあれば、この作業をはるかに効率的に進めることができるので、ほどほどの時間内で解決策に到達する可能性が高くなる。これがビジネスに付加価値をもたらすと、オモワレ・クレンショウは語る。

「マッキンゼーでの経験から、はっきりと自覚していたことがある。それは、自分が持っている一連のスキルのおかげで、あいまいさや、進むべき道のあらゆる可能性を前にしても何らかの意味をくみ取れることだ。これは事業を興す場合にも、確実にあてはまる。資源や資金は限られていて、何もかも手がけることはできないから、これらの可能性のなかから一つずつ進めていくしかない。フレームワークは、選択肢に優先順位をつけるのに役立つ。見当ちがいの道に迷いこまなければ、時間もエネルギーも大いに節約できる。それがカギだ。どれが正しい道かわかっていることより、まちがった方向に深入りしないことだ」

ここでの経営幹部の役割は、「現実」を構造化して容易に把握できるようにすることである。それにはまず、目の前にある問題の領域を決定して、他の要因とのつながりや、なりゆきの全貌といった、詳細の全体に目を向ける。こうすれば重要ではない要因を無視して、組織にとって可能な選択肢の優先順位をつけるのに集中できる。この方法で進めていけば、複雑な問題とその解決策をわかりやすい言葉で伝えることができるので、経営幹部の指示を実行する人たちがよく理解できる。

問題を構成要素に分解する。データの収集と解決策の伝達はあとの章で取りあげるので、ここでは問題点を明白にして単純化する方法を見ていく。マッキンゼー人が問題の構造を捉えるときの一般的なアプローチは、直面している問題を構成要素に分解することだ。なぜか。それはほとんどの場合、複雑な問題は、より小さく単純な問題の集まりに変えることができ、そうすれば個別に解決することができるからだ。マッキンゼーがあつかう問題は、きわめて複雑か（「中核となる市場が縮小しているなか、競争圧力や労働組合の要求に直面しながら株主価値を維持するにはどうすればよいか」というような）、あまりにも漠然としていてもっと説明してもらわないと解決しようがないか（「どうすればこの業界で利益をあげられるか」というような）のどちらかだ。問題を個々の部分に分ければ、問題のキー・ドライバー（第2章を参照）が突き止めやすくなり、それによって分析の焦点を絞ることができる。

この手法は、ビジネス課題だけでなく、政治などの他の分野における複雑な問題にも使える。たとえば、かつてマッキンゼーのローマ支社に在籍し、現在はイタリア政府の公共部門コンサルタント兼政治顧問を務めるフランチェスコ・グリロの例がある。グリロは、欧州連合における失業、イタリアの選挙制度改革、欧州委員会が資金提供しているプログラムの経済的影響の評価といった問題にも同じ手法を用い、大成功を収めている。

ロジックツリーを活用する。 問題を分解するのにマッキンゼー人が利用する最も一般的なツールは「ロジックツリー（論理樹形図）」である。これは、問題のあらゆる構成要素を階層ごとに並べたもので、鳥瞰することから始めて、だんだんに下降していく。では具体的に、古くからの優良企業USA社（架空の会社）を例にとって、これを見てみよう。仮に、あなたのチームがUSA社の取締役会に助けを求められて、「どうすれば会社の利益を拡大させられるか」という基本的な課題に答えを出すことになったとする。それを聞いてまず、「会社に利益をもたらしているのは何か」という質問が頭に浮かん

図1-1　USA社のロジックツリー

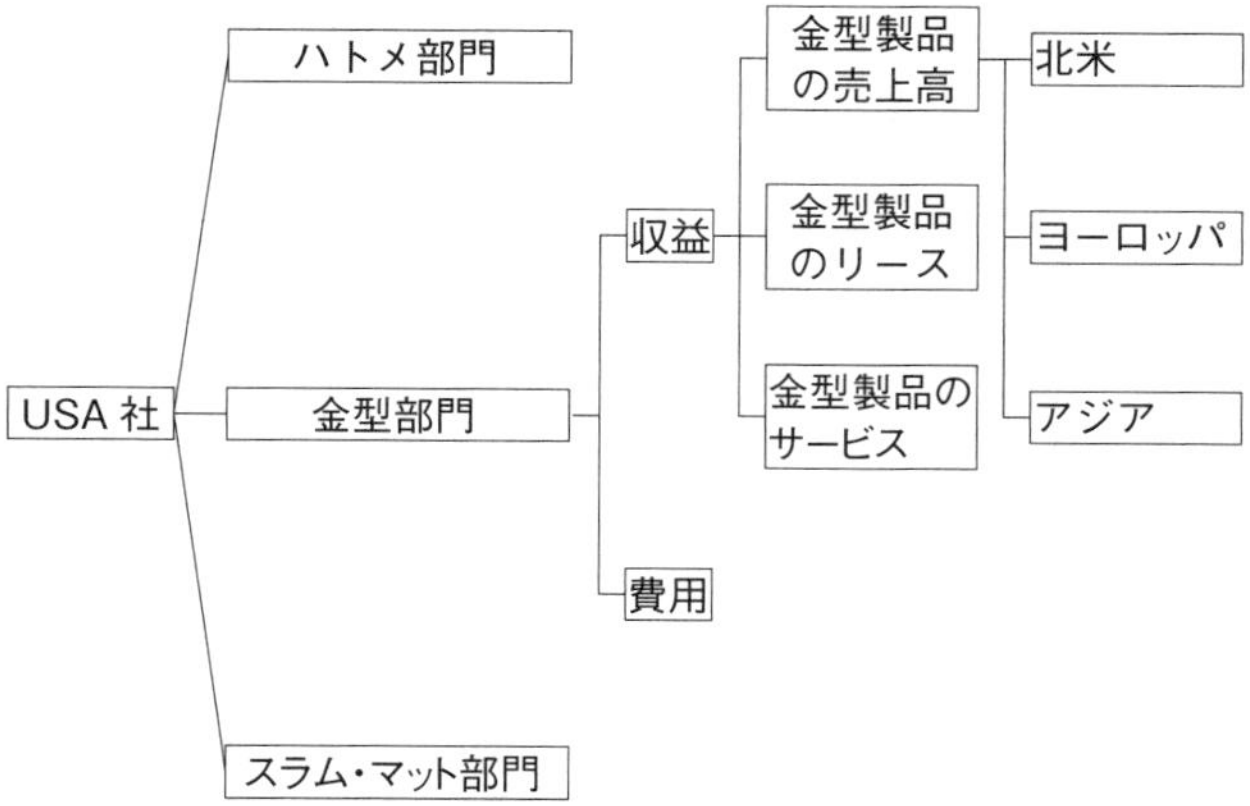

だのではないだろうか。「わが社の三大事業部門、つまり金型部門、ハトメ部門、スラム・マット部門」というのが取締役会の答えである。

「この三つが、この問題のロジックツリーでは最初のレベルにくるんだな」と、すぐにひらめいたことだろう。次のレベルに進むには、各事業部門の収益を分解していく。まず大きく「収益」と「費用」に分け、それからツリーの先に行くほど、小さな構成要素に分けていく。この作業が終われば、図１・１のようなＵＳＡ社のＭＥＣＥで詳しい企業体系図が完成しているはずだ。

ロジックツリーはＭＥＣＥであること。

ロジックツリーを作成するとき、問題を分割する方法がいくつか考えられることがある。どの方法を選ぶかによって問題に対する見方が影響され、あなたのチームにとって極めて重要な問題点が明らかになることもあれば、ぼやけることもある。たとえば、USA社のロジックツリーを組織的ヒエラルキー（事業部門ごと）で作成するのではなく、機能面（生産、販売、マーケティング、リサーチ、注文処理など）から見ることもできる。この見方は、あなたのチームに別の、もしかしたら有益な方向を指し示すかもしれない。どちらを選ぶにしても、ロジックツリーがMECEであるように気をつけること。そうすれば、見落としがなく、混乱することもない。

ロジックツリーが力を発揮した実例を一つ。マッキンゼーを経てファースト・ユニオンに入社したナラス・イーチャンバディは、社長に予算を承認してもらうために、顧客情報管理部門の事業案件をまとめることになった。

「問題を突きつめていくと、〈顧客情報の構築や利用の方法によって投資に見合う収益を得られるとすれば、収入や利益の源泉はどこにあるのか。どこから金を引き出せるのか〉ということだった。そこで、MECEに分析をして利益をあげる方法を示したんだが、方法としては、製品の追加や販促を通して既存顧客からの収益を増やす、既存顧客への対応コストを削減する、既存顧客の自然減を減らす、今までよりはるかに効果的・効率的に新規顧客を獲得することをあげた。それから、問題をさまざまな角度から眺めて、それぞれの部分について、〈どのくらいの収益増を期待できるか、経済的利益は何か、最終的にコストはどのくらいかかるか〉と考えていった。事業案件を構築するときは、いつもこんなふうにしている。問題を分解してふたたび組み立て、それぞれの部分がどこに位置していたか割り出していくんだ」

複雑な問題を単純な形で表現する。ロジックツリーは、マッキンゼーのコンサルタントが用いる数多いフレームワークの一つで、マッキンゼー退社後もとりわけよく利用されている。どのフレームワークにも言えることだが、これは現実を単純化したものを作ることによって、複雑な問題のまわりに散乱しているものを取り除き、混沌に秩序をもたらす。マッキンゼーのロサンゼルス支社を経てアクセンチュアのパートナーとなったジェフ・サカグチは、マッキンゼーで学んだフレームワークの利用価値を次のように要約している。

「フレームワーク主導のアプローチというのは結局、〈これをどう整理できるか〉について考えることに尽きる。フレームワークはどれも、簡単なものでは毎日使っている縦横二項目ずつの単純なマトリックスに至るまで、問題に骨組みを作ろうとするものだ。三つとか四つとか五つとかの丸でも四角でも三角でも何でもいい、単純な形で複雑な問題を表現する。マッキンゼーは、それが実に巧みだった。私も、自分の仕事に採り入れようとずいぶん努力したものだ」

新しいフレームワークを考える。ロジックツリーやその他のフレームワークを用いるときは、誰にアピールしたいのかを意識することだ。それに合うように、そのフレームワークのプレゼンテーションを作りあげる。ビル・ロスはGEで次のような経験をした。

「フレームワークは、マッキンゼー内部では非常にうまくいくが、マッキンゼーの外では使い方に気をつけなければならない。フレームワークと聞いただけで、反射的に防御の構えになる人が多いからだ。マッキンゼーにいるとき、〈他社の問題に使ったアプローチを、うちにも応用しようとしているんだろうが、うちの問題はよそとはちがうんだ〉とよく言われた。だが、これは見当ちがいだ。考える手始めとして、何が重要な問題点で、それをどう提示すべきかを系統的にチェックするのに利用していただけだ。フレームワークを導入するときは慎重にしたほうがいい。特に濫用されている場合、かなり否定的なイメージがあるからね。使い古されたフレームワークを利用しないで、フレームワークにあるコンセプトを用いて、直面している問題を解決するのに役立つ新しいアイデアを生み出すことだ」

ところで、構造はほんの入口でしかない。これから強力な仮説を立て、結論を引き出すために適切な分析を加え、こうして得た結論を効率よく伝えなければならない。これらについては順番に説明していくが、まず、次の項で仮説の立て方を説明しよう。

練習問題

1　あなたの会社・仕事で広く用いられているか、または別の会社・仕事で習得したフレームワークがあれば思い浮かべてみよう。それらのフレームワークは、あなたの目下の仕事に用いることができるだろうか。できない場合、どうすればできるようになるだろう。

2　あなたの組織に目を向けてみよう。ＭＥＣＥなロジックツリーを描いて、利益の源泉を示せるだろうか。製品を作り出したり、サービスを提供するプロセスについてはどうか。

3　ビジネス以外のプロセスで、たとえば結婚式や休暇といった、一般的だが複雑なものを思い浮かべてみよう。そのプロセスをうまく進行させるのに必要なすべての任務をMECEに構造化できるだろうか。プロセスにおける主要な要素は何だろう（たとえば、結婚式であれば、招待客が定時に着くようにする、花婿が必ず現われるようにする…）。それらをロジックツリーに書き出してみよう。異なる分けかた（たとえば、責任別）で、しかもMECEなものを作成できるだろうか。

2　仮説を立てる

適切なフレームワークを利用して、問題を本質的な構成要素にまで煮詰めたので、構造を把握するプロセスの次の段階に進む。解決策となりうる仮説を立てるのである。マッキンゼーでは、最初に立てる仮説に沿ってリサーチや分析を進めると、意思決定の効率や効果が増すと信じられており、これはマッキンゼー卒業生の経験によって実証されている。

マッキンゼーのテクニック

構造のときと同じく、仮説の利用方法を探るにあたって、マッキンゼーで信奉されている基本原則の復習から始めることにしよう。

最初の会議で問題を解決してしまう。 マッキンゼー人は問題のなかの事実を分析するとき、一つずつ分析していって最後に答えを出すより、仮説を証明あるいは反証していくほうがはるかに効率的であることを学ぶ。仮説を立てることは、問題解決のための地図を手にしたようなもので、解答に到達できるように適切な質問や正しい分析へと導いてくれる。よい仮説はさらに、袋小路をいち早く指摘してくれるし、道をまちがっても重要な問題点に立ち戻らせてくれるので、時間の節約になる。

仮説を立てるときは、ことさら大々的にリサーチなどしないで、あなたがその問題についてすでに知っている限られた事実に基づいて結論を引き出すことだ。その業界にまだ精通していないコンサルタントでも、二〜三時間かけて新聞記事や年次報告書に目を通せば十分だし、業界経験の豊富な人なら、いくつか思いつくことを書きとめる程度でよいだろう。そのあとでチームメートと一〜二時間ほど、問題の答えとして考えられることについて徹底的に議論すれば申し分ない。

次の段階は、仮説を証明あるいは反証するのに、どの分析が必要で、どういう質問をすればよいかを決めることだ。こうした問題を考えるときに、イシューツリーを用いる方法がある。イシューツリーはロジックツリーの一種で、それぞれの枝が問題点あるいは質問になっていて、構造と仮説の橋渡しをするものである（ロジックツリーとイシューツリーの細かい相違点は、本章で後述）。フレームワークによって引き出された問題点は、それより細かい問題点に分けることができ、さらに細かく分解できることもある。イシューツリーとは、問題点とそれを細かく分けたものを順にMECEな列に並べたものである。イシューツリーにある質問に答えていけば、仮説が正しいかどうか直ちにわかる。

用意周到な準備が必要。 マッキンゼーのチームは、仮説を立案してテストするのにブレーンストーミングに頼っている。だが、マッキンゼー式ブレーンストーミングでは、チームメンバーは準備をして会議に臨むことが要求される。全員が、その時点でチームが把握している事実をすべて頭に入れ、それが意味していることについて熟考していなければならない。

各人がすでに仮説を立てていれば、チームで検討するときのたたき台となり、特にチームリーダーにとってやりやすいこともあるが、なければなくてもよい。ただ、「答え」はもうわかっているという態度で会議に臨んではいけない。学ぶつもりで参加する。

白紙の状態から始める。 ブレーンストーミングは、新しいアイデアを生み出すことがすべてである。だから、先入観は入口で捨てることだ。出席者全員が、自分の考えていることを話し、知っていることを分かち合う必要がある。ブレーンストーミング会議を成功させるには、次のルールを守ること。

1　悪いアイデアというものはない

2　ばかげた質問というものはない
3　自分のアイデアが退けられるのをいやがらず、必要であれば自ら取り下げる
4　会議が長くなりすぎて収穫が減ってきたら、無理につづけないで中止する
5　紙に書く

その問題は本当に解決すべき問題なのか。コンサルタントは誰でも、クライアントの自己診断を額面通りに受けとりたいという誘惑にかられる。だが、この誘惑に負けてはいけない。患者が自らの症状が何を意味するのか必ずしもわかっていないように、経営幹部も、組織のどこに病巣があるのかについて診断を誤っていることが少なくない。依頼された問題が真の問題かどうかを識別する唯一の方法は、深く掘り下げ、質問をし、事実を入手することだ。問題解決プロセスの早い段階で少し疑ってみる。そうすれば、あとで挫折しなくてすむかもしれない。真の問題を探りあてることは、たとえクライアントがそれを歓迎しなくても、クライアントのために尽くしていることになる。

マッキンゼーでの教訓と成功例

マッキンゼー卒業生にとって、仮説主導の意思決定は次の仕事でも大いに役立つもの

だった。実行するのにそれほど資源が必要なわけでもなく、チームでもできるが一人でもできるし、さまざまな問題に幅広く応用できる。かつてのマッキンゼー人に尋ねたところ、ぜひ仮説を問題解決に利用すべきだという理由が二つあった。

●仮説は時間の節約になる
●仮説によって意思決定がより効果的になる

仮説は時間の節約になる。複雑な問題に直面すると、ほとんどの人が初めからやり始め、あらゆるデータのなかを掻きわけるようにして進んで行って、最後に解決策に到達する。これは演繹《えんえき》的アプローチと呼ばれ、AであればB、BであればC…YであればZというふうに進行する。ところが仮説を立てるときは、いきなりZまで飛ぶ。作業は、ZからAに逆にたどるほうが簡単だ。その単純な例として、新聞の日曜版などで見かける迷路クイズがある。これを解いたことがある人なら、入口から始めるより、ゴールから入口まで逆にたどったほうが簡単だと知っているはずだ。解決策がどこにあるかがわかっていれば、先は行きどまりというような道は最初から避けられる。

仮説を立てれば、ビジネス課題の迷路をはるかに足早に通り抜けることができる。まず、限られた情報に基づいて結論を導き出す作業を始められるので、時間を節約できる。

問題解決に取りかかったばかりのときは、情報は限られているのがふつうだ。それが特にあてはまるのは、新天地を開こうとしていて、どこを探しても必要な情報がないような場合である。オモワレ・クレンショウが、どうすればアフリカでインターネット事業を始められるか模索していたときが、まさにそうだった。

「マッキンゼーにいたときは、自分やクライアントが何もしなくても、溢れるほどのデータをふんだんに使えた。ところがインターネット接続事業に乗り出してみると、どこを探しても十分なデータがない状態のなかで、何が重要なのかを見抜かなければならなかった。そこで、こういうふうに考えてみることにしたんだ。〈上位四つか五つくらいのマーケットについて、とりあえず何がわかっているか、これらの市場の規模はどのくらいだと思われるか〉について、その辺に転がっていた封筒の裏に書き出しながら、みんなで考えてみた。確実にまちがっているものを避け、おそらく正しいというものを拾い、そこから仮説をいくつか立てていく。〈市場の規模をXと推定すれば、どういう考え方が成り立つか〉といった感じでね。

ここからは、プロセスは繰り返しになる。〈市場の規模はXだと思われるので、市場の規模がXであれば、Yが成り立つ〉ということで、Yを調べる。こうして進めていくと、われわれの考え方が当たっていたことがずっとはっきりしてきた。マーケットの実際の規模には今でも苦労しているけど、考えられるありったけのリソースにあたるということに関しては、するべきことをしているので、ずいぶん気が楽になる」

もう一つ、仮説が時間の節約につながるのは、仮説を証明あるいは反証できる問題点だけに集中することを余儀なくされるからだ。これは、優先順位をつけることや集中することが苦手な人に特に役立つ。あなたの組織にも、そういう人がいるのではないだろうか。

仮説によって意思決定がより効果的になる。仮説主導のアプローチを用いると、問題解決のスピードや効率が向上するだけでなく、いくつもの選択肢を素早く評価することができる。その結果、意思決定がより柔軟になり、いっそう効果的になる。マッキンゼーの卒業生で、現在はデューク大学フクワ・スクール・オブ・ビジネスでマーケティングを教えているボブ・ガルダは、有名ブランド消費財メーカーのCEOだったとき、その会社の従来からのやり方に反する強力な仮説を立てて中核事業の立て直しに成功する。

「会社は、二〇年前から同じ製品を販売していて、ウォルマート、Kマート、ターゲットという三大顧客《ビッグスリー》から価格の引き下げを迫られていた。値下げしなければ、中国やインドから買いつけると言って脅されて…。この場合、考えられる選択肢は四つだ。

1　中国とインドに負けないほどコストを削減する
2　中国やインドから買いつけて、顧客に転売する
3　新製品（その一つは発売のめどがたっていた）を導入する
4　これらを組み合わせて対処する

私は、価格圧力を防ぐには新製品の導入がいちばんいいと思っていた。案の定、新製品を携えてビッグスリーを訪ねると、大歓迎された。価格なんて、こっちの言いなりだ。それからは、旧製品でさえ、値下げを迫られることがずっと減った。新製品を出しつづけているかぎりはね。私の仮説が正しかったというわけだ」

では、ボブの仮説を他の選択肢と比べるとどうか。

「どれか他のアプローチをとって、コストの削減でインドや中国に勝つというシナリオもあるにはあった。事実、経営幹部のなかには、これまで通りコスト削減しかないと思い込んでいた人もいたし…。お手並み拝見、といったところだ。米国製品が、価格で中国やインドに勝てるはずがない。もちろん、長期的にはコスト削減は欠かせな

い。コスト削減には努力したけど、とても中国やインドの水準まで下げられなかった。もう一つの選択肢、中国やインドから買いつけてウォルマート、Kマート、ターゲットに転売するというのは、経営陣の一部が支持していたが、私には納得できなかった。結局のところ、アジアのメーカーのために販売システムを築くだけのことで、いったん足場を固めたら、われわれ抜きで買い手と直接取引するに決まっている。値下げ圧力がなくなるわけじゃないので、この選択肢は可能性としては残っているが、立場を強化するには、ビッグスリーに提供できる他の価値を持っていることだ」

仮説主導による意思決定が効果をあげるのは、「その問題は本当に解決すべき問題なのか」という点をクリアしているからだ。ドミニク・ファルコウスキーがエゴン・ツェンダーのワルシャワ支店勤務になったときに遭遇したのが、まさにそういうケースだった。

「クライアントは新しいＣＦＯ（最高財務責任者）を探していた。いまの人は、報告や投資分析の能力が不足していて、チームともうまくいっていないという話だった。その話を聞いたとき、本当かなと思ったね。そこでＣＦＯ本人のことも調べて、状況を分析してみると、本当はＣＥＯ（最高経営責任者）のせいだったことが判明した。ＣＥ

Oというのが構造とは無縁な人で、意見や手順をころころと変えては、変更を組織全体に伝えていなかったんだ。そうは言っても、CFOにも非はあった。対人能力に劣っていたし、フィードバックをきちんとしていなかったからね。

そこで、戦略コンサルティング会社に依頼して社内のリエンジニアリングをすることを提案し、われわれのほうはCFOとCEOを教育することにした。こうして問題が解決し、クライアントもCFOも満足し、組織は繁栄しているというわけだ。それに、外部から人材を連れてきたのでは、クライアントが望む結果が得られなかったと証明できた」

活用・実践ガイド

仮説を立てると問題解決の効率や効果を向上させられるとは言っても、こうした利益を手にするには、しっかりした仮説を生み出してテストする必要がある。仮説は問題解決プロセスの初めに立てるものなので、どちらかと言うと事実（データ収集はまだこれからだ）より直観に頼る部分が大きい。目の前の問題について知っていることを基にして、問題点について直観で感じることを加味し、いちばん可能性がありそうな答えを考え出そう。最も可能性がありそうな答えが正解だとはかぎらないが、よい出発点となる。

仮説はクイックテストにかける。すぐに何かひらめく場合もあるが、そういうときは、もう仮説を立てられたということだ。そのとき一人で机の前に座っていようが、シャワーを浴びていようが、チームでブレーンストーミングをしていようが、直ちに仮説をクイック・テストにかけよう。クイックテストとは、こういうことだ。あなたの仮説が正しいものであるためには、仮定していることも正しくなくてはならない。これらの仮定のうち、一つでもまちがっていれば、仮説はまちがっている。クイックテストをしてみれば、だいたいは、まちがっている仮説を二〜三分で見破ることができる。これが特に役立つのは、いくつかの選択肢から大急ぎで選ばなければならないときだ。現在はエバーコア・パートナーズのベンチャー・キャピタリストであるキャラ・バーナムはこう語る。

「私の仕事の大部分を占めているのは、潜在的な投資の機会のなかから、時間を費やす価値のあるものを選び出すことなんです。だから、取引評価の初めに、こう自問しています。〈どんな事実があれば、これをよい投資だと思えるか。また、この投資がだめになるのは、どんな場合か。じゃあ、この投資を支援したり拒絶したり、リスクを評価するには、どんな分析が必要か〉。単純なアプローチに見えるけど、ビジネスで取引執行に携わってきた人は、こういうアプローチをあまりとりません」

では、先ほどのＵＳＡ社を例にとって見てみよう。仮に、あなたのチームは昨日、ＵＳＡ社の有力製品であるスラム・マットの限界費用を減少させる方法を考えるように取締役会から命じられたとする。早速、ブレーンストーミング会議を開いたところ、コストを削減できそうな選択肢が即座にいくつか出てきた。

1 原料供給者に圧力をかけて原料コストを下げる
2 生産量を維持しながら、マット製造工場の労働力を減らす
3 マットの処理過程での時間を短縮し、処理量を増加させる

それでは、これらをクイックテストにかけていこう。

原料供給者に圧力をかけられれば申し分ないが、果たして可能だろうか。この選択肢が成立するには、何が事実でなければならないか。まずは、スラム・マットの総コストのうち、原料が大きな要因であること。そうでないと、原料コストを削減したところで、製品の限界費用の総額はあまり変わらない。この点についてはたまたま、原料のスラムが製品の総コストの約三五％を占めることをチームメンバーが知っていた。つまり、可能性があるということだ。次に、原料供給者に対して価格決定力を持っている必要があ

る。この点ではあいにく、今朝のウォールストリート・ジャーナル紙のA2ページに、アライド・スラムとベズルズがジェネラル・スラムを買収するという記事が載っている。アナリストは、この合併によってスラムの総生産能力は大幅に縮小されると見ており、そうなるとスラムの卸売り価格に上昇圧力がかかる。これで万事休すである。

それなら、工場の人員を削減するという案はどうか。労働力は、スラム・マットの総コストにおける大きな構成要素なので、探ってみる価値は十分だ。ここでカギとなるのは、USA社の生産能力に必要以上の人員が配置されているかどうかである。それを判定するのに、USA社の労働者一人当たりの生産性が業界全体と比較して低いかどうかを調べるという方法がある。ちょうど最近、スラム・マット生産に関してベンチマーク調査が実施され、その結果が出ている。それによると、USA社は労働者一人当たりの生産高では競合他社をかなり上回っていた。この案もだめだ。

あと残っているのは、スラム・マットの処理過程での時間を短縮することだ。従来、スラム・マットの一級品は、少なくとも二週間、処理施設で寝かせている。これはエネルギーを大量に消費するだけでなく、在庫を抱えることになるので、USA社の貸借対照表を不必要に膨れあがらせ、高いものにつく。つまり、処理時間を短縮させることは、二重の利益をもたらすかもしれない。USA社の利益ラインを押しあげるだけでなく、仕掛品在庫が減るからである。それを可能にするには、何が事実でなければならないか。

まず、処理に二週間もかけないで極上のスラム・マットを作ることができるかどうかだ。たまたま、チームの一員が「スラム・マット生産週報」で関係のある記事を読んだばかりだった。温度・湿度・環境を特殊な状態に管理することによって、従来の方式に優るとも劣らない結果を生み出す新しい処理方法が開発されたというのである。

　これでついに、あなたのチームはクイックテストに合格する仮説を見つけることができた[註]。次の段階は、仮説をもっと徹底的にテストし、必要であれば、さらに正確にすることだ。そのためには、ここでイシューツリーを作成しなければならない。

　ロジックツリーを作成する。 イシューツリーというのは、ロジックツリーを進化させたものだ。ロジックツリーが要素を階層ごとにグループ分けしただけなのに対し、イシューツリーは、仮説を証明あるいは反証するのに取り組まなければならない一連の質問や問題点を示している。イシューツリーは、言ってみれば構造と仮説の橋渡し役だ。フレームワークによって引き出された問題点は、それより細かい問題点に分けることができ、それらはさらに細かく分解できることもある。イシューツリーを作れば、問題点とそれを細かく分けたものが順に並んだ状態になっている。そこにある問題点に答えていくと、その答えによって反証された「枝」が直ちにすべて除去されるので、分析の際に行きどまりを素早く取り除くことができる。

　ダン・ビートは、米国の多角的金融サービス会社の大手、コンセコのEビジネス部門のために一連のイニシアティブを定義する際、このイシューツリーがとりわけ役に立ったと言う。

「問題解決にあたるとき、何もかも徹底的にやるぞ、というような人がよくいる。でも、本当は必ずしもそんなことをする必要はないんだ。あらゆる点をMECEに考えることは必要だけど、何もかも深く調べることはない。たとえば、eコンセコという新しい事業部門を立ちあげて、Eビジネスの戦略を考えていたときのことだ。損益計算書もちゃんと別で、独立した事業だったから、〈収益性と成長を押しあげる主な要因は何か。何が重要で、何が重要でないか〉ということを考えなければならなかった。アイデアは次々と出てきた。たとえば誰かが、〈書籍の販売はどうだろう〉と言う。肝心なのは、この選択肢は収益性が低い、と瞬時に見抜けることだ。ツリーから重要じゃない枝を取り除いて、重要な枝にフォーカスできるというのは、問題解決と問題

註　この例は、あくまで、例証するための架空の例にすぎない。実際に、スラム・マットの製造・処理・販売・修理に携わっている会社・合名会社・個人企業・その他の組織が、このまま用いるためのものではない。読者には、独自にリサーチすることをお願いしたい。

図 1-2　USA 社のイシューツリー

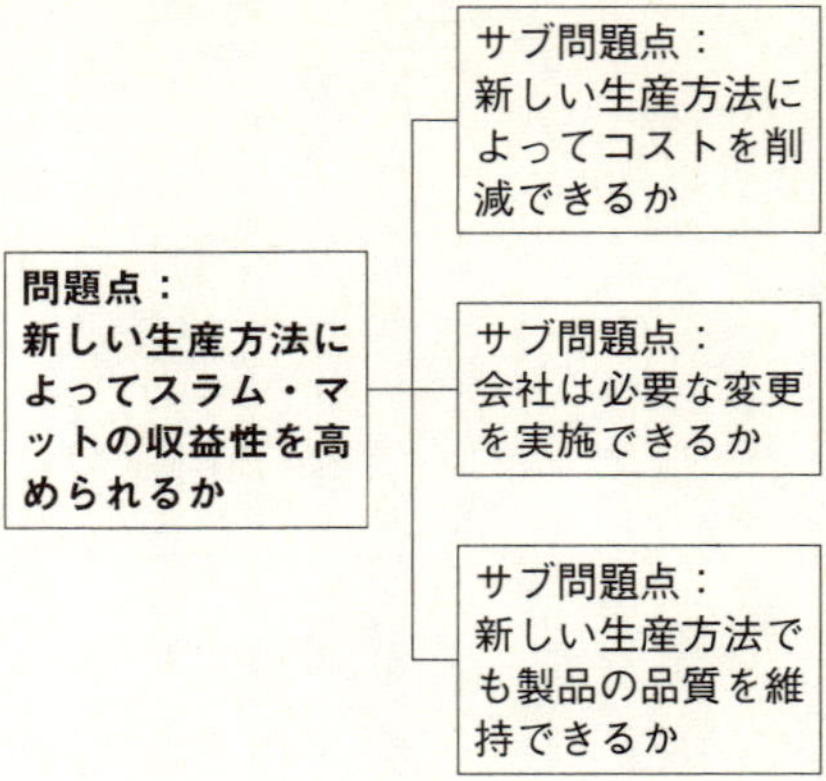
問題点：
新しい生産方法によってスラム・マットの収益性を高められるか
サブ問題点：
新しい生産方法によってコストを削減できるか
サブ問題点：
会社は必要な変更を実施できるか
サブ問題点：
新しい生産方法でも製品の品質を維持できるか

の構造を把握することにとってすごいスキルだ。必ずしも直観に頼らないで、問題解決プロセスを本当に速められるからね」

ＵＳＡ社のチーム室に戻って、スラム・マットの処理プロセスを短縮するためのイシューツリーについて考えてみよう。チームで話し合っていると、いくつか疑問点が出てくる。実際にコストを削減できるだろうか、何か特殊技能が必要なのではないか、そういうスキルが社内にあるだろうか、スラム・マットの品質が低下することはないか、そもそも変更を実施できるのか…。

イシューツリーを作成するときは、こうしたさまざまな問題点をＭＥＣＥにグループ分けする必要がある。まず、どの問題点が一段目にくるかを見極める。それが事実でなかっ

図1-3　USA社のイシューツリー（サブ問題点付）

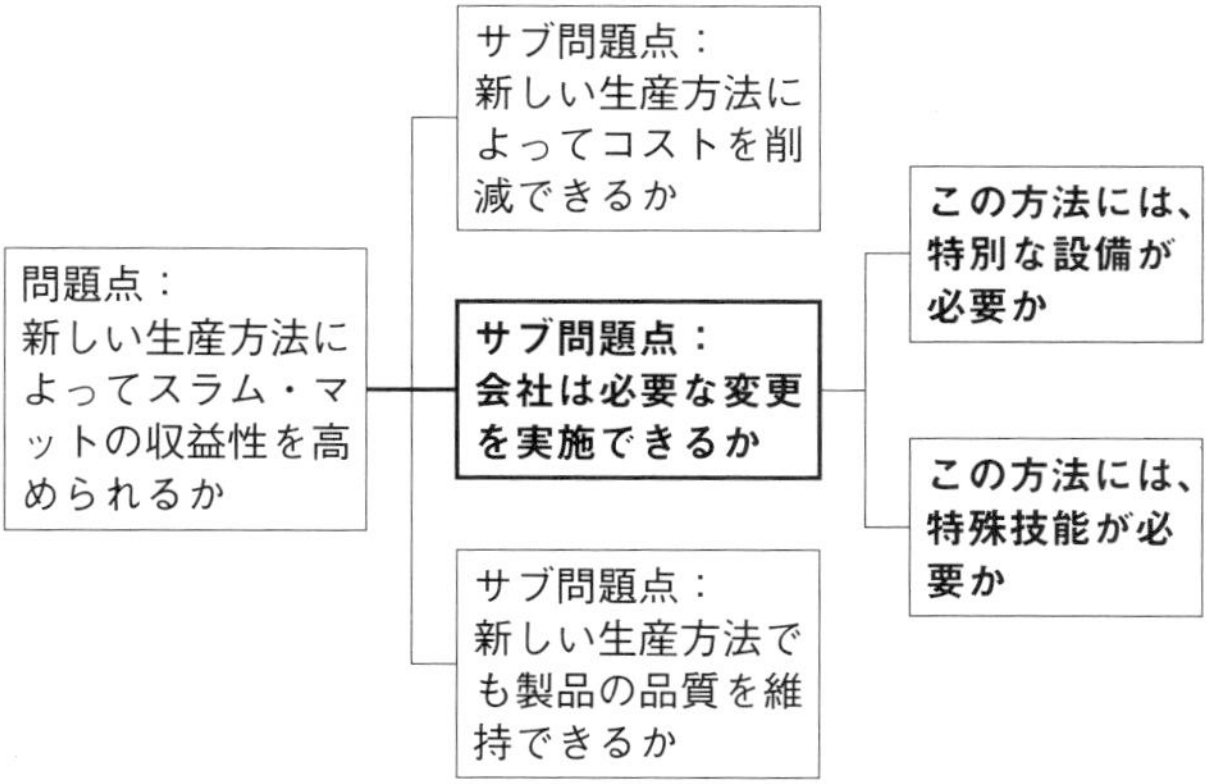
問題点：
新しい生産方法によってスラム・マットの収益性を高められるか
サブ問題点：
新しい生産方法によってコストを削減できるか
サブ問題点：
会社は必要な変更を実施できるか
サブ問題点：
新しい生産方法でも製品の品質を維持できるか
この方法には、特別な設備が必要か
この方法には、特殊技能が必要か

たら仮説は正しくない、という問題点がトップにくる。軽くブレーンストーミングをして、仮説の正当性を確かめるための問いを選び出すことにしよう。処理プロセスの短縮によってコストを削減できるか、会社は必要な変更を実施できるか、この変更を実施した場合、製品の品質を維持できるか、の三つに決まった。これらの問題点は、**図1・2**に示したように、仮説の一つ下のレベルにくる。

ところが、これらの質問への答えは、もっと他の質問をしてからでないとわからない。最終的にイエスかノーの答えに到達する前に、まず、もっと細かい質問に答えなければならない。三つの疑問点についてもっと細かい質問を考えていくと、分析のためのロードマップが形をなしてくる。では、疑問点の一つを深く掘り下げて、どういう展開になるか見てみよう。

「会社は必要な変更を実施できるか」という問題点には、付随する疑問点がいくつもある（前ページの**図1・3**を参照）。疑問点は、最初のブレーンストーミングのときに出てくるものもあれば、時間をかけて問題点を熟考しているうちに出てくるものもある。メインの問題点の場合と同じように、これらの疑問点についても論理的な順序に並べなければならない。ここでは練習のため、問題点に二つの疑問点があることにしよう。

1　新しい短縮されたプロセスには、社内にない特別な設備が必要か

2　新しいプロセスには社内にない特殊技能が必要か

これらの問いに対して、理想的な答えである「ノー」が返ってくれば、それ以上、質問しなくていい。とはいえ、どちらかの答えが「イエス」であっても、仮説が直ちに無効になるというわけではない。イエスであれば、さらなる問いに答えていくだけのことだ。たとえば、設備に問題があるのなら、「それを造るか購入することはできるか」という問いが考えられる。ツリーの先のほうに進んで、問いに対する答えが「ノー」だったら、その仮説は実際に危ういということだ。

これでイシューツリーの作り方は理解してもらえたと思う。これが完成すれば、リサ

ーチや分析の段階ですべきことの概略が立ち現われてくる。それらについては、次の章で取りあげる。

最初の会議で問題を解決する、つまり仮説を用いて問題を解決するというマッキンゼーの手法は、外の世界でも優れた意思決定のスキルであることが証明されている。出だしのところで時間をとって、もともと知っている事実と直観を組み合わせて考えておけば、より早く確かな解決策に到達できる。初めにほんの少し時間をかけて、論理的に矛盾している仮説を取り除き、それからツリーを利用して分析の範囲を決めるほうが時間の節約になるうえ、よりよい結果が得られる。

練習問題

1　あなたがはっきりした意見を持っているビジネス以外の問題を思い浮かべてもらいたい（たとえば、銃砲規制、進化論、地球温暖化など）。その見解に至るのに、どういう仮定をしているかあげてみよう。それらは全部、事実だろうか。あなたの見解を立証するには、どういう情報や分析が必要か。

2　現在あなたが仕事で取り組んでいる課題について、可能性のありそうな仮説をいくつか立ててみる。それぞれの仮説について、それが妥当であるためには事実でなければならないことを一つ二つあげてみよう。次に、それぞれの仮説をクイックテストにかけてみよう。

まとめ

構造化されたフレームワークを利用して最初に仮説を立てれば、最短の時間で確かな結論に到達できるような分析とリサーチの領域を選ぶことができる。次の章では、最短の時間で仮説を証明あるいは反証するには、どのように分析を計画すればよいかを説明する。

2
分析を計画する

マネジメント

- ●チーム
- ●クライアント
- ●あなた自身

分析

- ●構造の把握
- ➡ ●計画
- ●収集
- ●解釈

プレゼンテーション

- ●構造
- ●同意

仮説を立てるというのは、「最初の会議で問題を解決」することだ。ただし、ことはそう簡単には運ばない。あなたがいくら答えはわかっていると思っていても（それに、たとえ正しい答えであったとしても）、それを証明しなければならない。それに必要なのが、事実に基づいた分析である。

入社直後の数年間、マッキンゼー人は分析の仕事に集中する。事実、マッキンゼーが新卒を採用するときの基準のうち、分析能力は最も重視されるものの一つである。パートナーやディレクターでさえ、自分のチームが行なった分析に基づいて付加価値のある提案ができるかどうかで判断される。

小型機のパイロットには、こんな言い習わしがある。「パイロットには二種類ある。着陸装置を引っ込めたまま着陸したことがある者と、これからそうする者だ」。これと同じことが意思決定にも言える。経営幹部には遅かれ早かれ、直観に頼って大きな決断を下さなければならないときが必ずくる。多くの組織では、経営幹部は重要な戦略的決定の際、事実に基づく分析と同じくらい直観に頼っている。会って話を聞いたマッキンゼー卒業生のほぼ全員が、それがマッキンゼーにいた頃と大きくちがうところだ、と口を揃える。これは必ずしも悪いわけではない。だいたいの場合、時間や資源が限られていて、それほど詳しく分析できないのである。成功している経営者には、極めて的確な直観を発達させている人が少なくない。彼らは、素早く正しい決断に至ることができ、そのおかげで経営者として成功している。とは言っても、これほどの経験を積んでいない場合や、自分の直観以外の意見が欲しい場合は、決断の際に、状況が許すかぎりできるだけ多くの事実に基づいた分析を利用することを勧める。もしかしたら、着陸装置を下げるべきだと気づくことだってあるかもしれない。

分析については、二部に分けて説明していく。この章では、チームが仮説を証明するのに、どういうふうに分析の計画を立てればよいかを説明する。第4章では、分析の結果をクライアントや組織に最大の効果をもたらすように解釈する方法を説明する。その中間の第3章では、結果に至る前に分析の対象を見つけなければならないので、データ収集の技術を取りあげる。

私たちが分析の計画と称しているものを、マッキンゼーでは「ワークプラン作り」と呼んでいる。ワークプラン作りは通常、チームの日常業務の責任者であるエンゲージメント・マネジャー（EM）の仕事だ。EMは、エンゲージメントの早い段階、ふつうは最初の仮説を立てたばかりの頃に、どういう分析をしなければならないか、誰が何を担当するかを決める。EMは、具体的な任務、任務を遂行するのに必要なデータの所在、最終結果の予想などについて、チームメンバーの一人ひとりと話し合う。こうしていよいよ、チームメンバーは任務の達成に向けて、手分けして仕事にかかる。

ほとんどの会社が、何についても、一刻も早く、しかも費用をかけずに成し遂げたいと考えている。しかし、事実に基づいた厳密な分析には時間がかかる。マッキンゼーに仕事を依頼したことがある経営幹部なら誰でも知っているように、その時間というのが高くつく。とはいえ、マッキンゼーもクライアントに予算があることは承知しているので、チームが生の事実から付加価値のある提案に速やかに進めるように、数多くのテクニックを開発してきた。こうしたテクニックは、マッキンゼー社以外でも同じように力を発揮するものだ。この章を終わりまで読めば奇跡を行なえるようになるとは言わないが、ここに示した教訓を応用すれば、分析や意思決定をぐんとスピードアップできる計画が立てられるはずだ。

マッキンゼーのテクニック

マッキンゼー人は分析の計画を立てるとき、次のようなガイドラインを参考にする。

キー・ドライバーを探す。ビジネスの成功を左右する要素はいくつかあるが、全部が同じように重要なのではない。時間も資源も限られている場合、すべての要素を念入りに検討している余裕はない。だから分析の計画を立てるときに、問題にいちばん影響する要素を見つけて、それらに的を絞る。問題を一つ一つの部分に分解するのではなく、核心に向かって掘り下げるのである。

大きな絵を眺める。複雑で難しい問題を解決しようとしていると、しなくてはならないことが数限りなくあって目標を見失いそうになることがある。どうすればよいのかわからなくなったら、精神的に一歩下がって、今いったい何を達成しようとしているのかを考える。今している仕事は、「大きな絵」のどの部分にあたるのかと自問する。それはチームを目標に導いているだろうか？　もし導いていなかったら、それは貴重な時間を無駄にしているということだ。

海の水を全部沸かすな。猛烈に働くのではなく、賢く働く。今日のようにデータがいくらでもある状況では、一つの問題のあらゆる面をとことん分析しがちだ。しかし、その分析が問題解決プロセスにかなりの付加価値をもたらしているのでなければ、時間の無駄でしかない。ポイントを証明（あるいは反証）するには、どの分析が必要なのかを見極めること。その分析をして、次に進む。おそらく、必要以上の分析をする余裕などないはずだ。

解決策が姿を現わすまで待つこともある。例外のない規則はなく、その点ではマッキンゼーの問題解決プロセスも同様だ。どういう理由であれ、ときには仮説を立てられないことがある。そういうときは、入手可能な事実を分析すれば、解決策に通じる方向が見えてくると信頼することだ。

マッキンゼーでの教訓と成功例

大半の卒業生は、転職後の仕事ではマッキンゼーにいたときと比べて分析に費やす時間が大幅に減った。とはいえ、分析の計画を立てることについて学んだ知識は、転職先の組織でも、意思決定に必要な事実の裏づけをとるのに役立った。卒業生たちの経験から、あなたの意思決定をスピードアップさせる四つの教訓を引き出した。

- 立てた仮説から必要な分析を割り出す
- 分析の優先順位をきちんと決める
- 絶対的正確さを目指さない
- 難しい問題は三角法で測定する

立てた仮説から必要な分析を割り出す。 分析の計画を立て始めると、データと直観のバランスをとらなければならなくなる。以前は、マッキンゼーの問題解決プロセスに直観の入り込む余地などなかった。ところが、ニューエコノミーの時代に入ってからというもの、マッキンゼーでさえ、まったく新しい道を切り開くときは直観に頼るようになってきているようだ。それに対して、意思決定をする立場にある人の多くは、特に時間がないときなど、自分の直観にほぼ全面的に頼りたがる。あるマッキンゼー卒業生が言うように、「仮説を立てるというのは、どこに行き着きたいのかを見極めて、正しい方向に向かっているかどうかを判断することだから、結果重視だというのはみんな理解している。ところが、解決策が正しいことを確認するという、ちょっとした手間を惜しむ」。そうなる理由は理解できるとはいえ、直観とデータは互いに補い合うものである。決定を下すときのしっかりした根拠となるには、双方ともいくらかずつ必要だ。

直観とデータのバランスを考えるときのカギは、量より質だ。LG&Eエネルギーのジェームズ・G・ウェランによると、「分析は数を増やすより焦点を絞りこむほうが重要で、これは最初に問題の構造をしっかりと捉えていないとできない」。第1章で述べたように、イシューツリーが正しく描けていれば、どういう分析をするべきかは、すでにわかっているはずだ。問題を問題点に分け、個々の問題点をさらに細かい問題点に分解しているはずだ。あるところまで進むと――二つ先のレベルのこともあれば、一〇ほど先のこともありうる――問題点はイエスかノーで答えられる一連の質問に分解される（たとえば、この製品は利益をもたらすか。新しいプログラムを実行するスキルが社内にあるか。これは合法か)。答えについては、もう仮説を立てているはずなので、次にしなければならないのは、仮説を事実に基づく分析で裏づけるかあるいは反証することだ。

もう一つ、分析の焦点を絞るのに、アクセンチュアのジェフ・サカグチが勧める方法がある。最終結果を念頭において、逆にたどるのである。

「問題点、より細かい問題点、仮説、分析、データ収集、最終結果と経ていくプロセスをたどっていると、最終結果がどういうものになりそうか見えてくるんだ。この方法だと、面白そうだし知的な刺激にはなるが、いまいち関連がないというような分析をしなくてすむ。いらない分析までしていたら、すぐに参ってしまうからね」

ジェフが指摘しているのは、分析のための分析に熱中してしまうという、分析好きにとっては実に危険な点だ。データは山ほどあるし、あれこれちがう方法でいじりまわすのはとても面白い。だが、そうした分析が仮説を証明あるいは反証するのに役立っていなかったら、たんなる時間の無駄でしかない。

分析の優先順位をきちんと決める。限られた時間内に結論に至らなければならず、限られた資源で問題に取り組まなければならない場合、どの分析が必要不可欠で、どれがおまけなのかを見分けなければならない。分析の計画を立てる最初の段階で、してはならないことを見極めるようにしよう。要するに、仮説に関連のない分析を避けるということなのだが、立てた仮説から必要な分析を割り出したら必然的にこうなる。
これが特にあてはまるのは、資源が限られている小規模事業の場合だ。小さい会社は、海の水を全部沸かすようなことはできない。美術用品小売業ディック・ブリック・ホールディングスのCEO、ボブ・バックスボウムは、自分の意思決定のプロセスについてこう語る。

「仮説主導によって最も楽な道を探し、仮定を立て、〈方向的に正しい〉答えを見つける。〈データも時間も、いくらあっても十分だということがない〉と言われてるけど、私はこれを〈後からではなく最初に手を打て〉という意味に解釈してきた。収益九〇〇〇万ドルほどの小企業にとって、こうした教訓に逆らうことは許されないんだ。だからいつも、事業を〈統合する〉ことは考えるなと言っている」

前項で説明したように、分析好きの人たちは、適切かどうかより興味を引かれる分析をするという誘惑に負けそうになる。分析の計画を立てるとき、チームもそうだが、まず自分自身からこういう傾向をなくしてしまうことだ。
次のステップとしては、どの分析がいち早く成果をもたらすかを見極める。つまり、簡単に実行できて、仮説を証明あるいは反証するのに大いに貢献しそうな分析のことだ。言い換えると、第7章にあるように、〈低い枝の実を採る〉ということである。こうした考え方の実例として、サベージ・エンターテインメントのチャッコ・ソニーが、ソフトウェア開発において欠かすことのできないデバッギングに、チームでどう対応しているか語ってくれた。

「テストの初期段階でのソフトウェアの品質管理は、何といっても、この原則が中心になるね。ソフトウェアの欠陥を探すときは網羅的になる必要があるし、発売した製品に、欠陥の二〇%が入り込むのは容認できないけど、欠陥の原因を探すときは80対20の法則（第4章で詳説する）があてはまる。たいてい、同じコードエラーが、さまざまな現象を引き起こすんだ。でも、現象をいちいち追うのではなく、重大な欠陥の影響の八〇%を発見するようにする。これでエラーの原因についてヒントが得られる。欠陥の影響にいちいち目を向けずに、コード上の大きな問題に取り組めるというわけだ。早い時点で、製品に幅広く影響するような重大な欠陥を捉える。プロセスが終わりに近づいてから、残りの二〇%の問題点を捉えて、製品を発売できる状態に調整すればいい」

不要な分析をしないで、手に入れやすい成果にまず集中することにより、短期間に多くのことを達成できる態勢が整う。

絶対的正確さを目指さない。事実に基づいた分析がビジネスの意思決定にいかに重要であるかを強調しながら、分析から正確な答えを引き出すことはないと言ったら、矛盾していると思われるかもしれない。しかし、ビジネスはだいたいにおいて、物理学や数学のような精密な学問分野とはちがう。新しい工場を開設するかどうか決めるのは、新しい原子を構成する素粒子を発見するのとはちがうレベルの正確さが要求される。事実、ほとんどの場合、経営の決定に科学の場合のような正確さを追求することは逆効果だ。おおむね正しければよいものを、悪くすれば、厳密にいうとまちがいだと判明するだけかもしれないのに、膨大な量の時間と努力を費やすことになる。問題解決のために分析の計画を立てるときは、この点を忘れないようにしよう。

これは、先のことを予測する分析の場合に特にあてはまる。「X製品の市場規模は?」といった問いに答えるには、過去のデータを集めればよい。しかし、「サンダスキー川の上流にX製品の工場を新たに建設した場合、一〇年間の収益予測は?」といった問いに答えるとなると、そうはいかない。こうした質問に対する答えを左右する可変要素は、X製品への需要の今後の動向、新たなライバル企業の参入、消費者の嗜好の変化など数限りなくあり、数字をはじき出すのは不可能だ。たとえ数字を出したとしても、まちがっているのがおちである。そういうわけで、答えは大部分の人が違和感を感じないようなものであればよい。つまり、方向的に正しく、だいたいの大きさが当たっていればいいのである。その程度に正確な答えなら、たいていはすぐに出せるが、不要な正確さを追求していると、はるかに時間がかかる。

さらに、短時間にまずまず満足できる答えが出せたら、小数点以下四桁まで答えを出さなければならない場合より、分析してみようという気になる。ある卒業生は、こう語っている。

「封筒の裏を使ってできるほど簡単な分析が実に役に立つ。これで、そこそこ当たっているかどうかがわかるからね。だいたいの場合、たとえば新しい製品アイデアが五〇〇万ドルに価するものなのか、それとも五〇〇〇万ドルなのか、五億ドルなのか、その程度のことが知りたいだけなんだ。ところが、それじゃ満足しない人がいる。そういう人は、〈五〇〇〇万ドルと言ってしまって、実際には七五〇〇万ドルだったらどうしよう〉と迷ったりする。そんなことは、どっちでもいいことだ。〈でも、五〇％も外れているじゃないか〉と考えるらしい。そんなことで数字を出せないより、許容範囲内の数字を出すほうがずっと大事なのに…」

ありとあらゆる分析をしたがる人がいる一方で、有効数字四桁まで正しい答えを出さないと気がすまない人がいる。情報を基にしたマーケティング・コンサルタント会社、クイエロ・インクの創業者兼CEOであるナラス・イーチャンバディは、このあたりの内情を熟知している。

「博士号や修士号を持っている人間を大勢雇っているが、データのエラー・パターンにいちいち注目するなと、ほとんど強制しているような状況だ。学校で教わったことに重きをおくのは、医療の分野など、人命にかかわることならわかる。だが、これはマーケティングだ。利益をあげようとしているだけだ。とにかく実行することであって、細かいちがいなど気にしないことだ。

モデルの正確さを向上させようとすると、いくらでも時間をかけられるが、いずれ収穫逓減が始まるレベルに達するし、マーケティングの時間もなくなる。完璧なモデルは必要ない。今より良いものを求めているだけだ。まず実行して一儲けして、それから徐々に良くしていけばいいんだ」

繰り返すが、あなた自身であれチームであれ、データにどっぷり浸かりたいという衝動を抑えて、時間と金をむだにしないことだ。

難しい問題は三角法で測定する。測量や地図を作成するときの三角測量とは、既知の二点から測定して、未知の点の正確な位置を決定する方法である。ビジネスでは非常によくあることだが、直面する問題について情報が極めて少ない場合、これと同じような手法を用いて仮説を立てることができる。あなたもいつか必ず、答えを見つけるのは無理だと思われるような質問にぶつかる。競争相手にデータを独占されているときや、業界でまったくの新境地を切り開こうとしているとき、あるいはどういう理由であれ問題に歯が立たないようなときである。

そういうときは、諦めてはいけない。ぴったりの答えは無理だとしても、たいていの場合、少なくとも答えのおおよその在《あ》り処《か》が見えてくるような分析の一つや二つは、考えつくものだ。前にも言ったように、方向的に正しく、だいたいの大きさが当たっていれば、たぶん、決定を下すには十分だ。

この方法を具体的に説明するのに、マッキンゼー卒業生であるグラクソ・スミスクラインのポール・ケニーの例をあげよう。ポールは、まだ開発されていない薬の潜在的な市場規模を推定しなければならなかった。しかもこの薬は、ほとんどの医者が認めてもいない症状を治療するものである。ポールの戦略から、同じような状況に対処するときのヒントが見えてくるはずだ。

「低活発性的欲求障害（HSDD）と呼ばれている症状を研究している。これは主として女性に見られる異常に低い性的欲求のことで、この時点ではまだ、病気として認められているわけではない。精神科医によって定義されてはいるものの、病状の診断が下されることは極めてまれで、一般の開業医はおそらく聞いたこともないだろう。製薬会社の立場からすると、これはバイアグラの女性版といった大きなチャンスをもたらすものだが、いまの時点では、情報がまったくない」

ポールは、難しいシナリオに臆することもなく、この問題の解明に役立ちそうな類似する状況を探した。

「明らかに関連のあるものとして、男性用のバイアグラとの比較を試みたりした。とはいえ、主に探しているのは、他の性的障害との類似性、さらにいわゆるライフスタイルの問題点——たとえば肥満やその他の病気——との類似性だ。こうした類推を利用して、事業の事例として正当化できるかもしれないのでね」

ポールは、役に立つ類似性をいくつか見つけると、それらの関連性を追求した。

「仮説として取りあげている関連性の一つに、抵抗感がある。つまり、患者は自分にこの症状があると認めたがらない。このことで実際に医者に行く患者がどのくらいいると思います？　目下のところゼロだ。だから、病歴を例として用いることはできない。もちろん、バイアグラが登場する前は、ＥＤ（勃起障害）で医者にかかる患者はずっと少なかった。この問題に対して女性も男性と同じような意識を持っているかどうか、まだわからない。精神的な面では、肥満を研究している。患者は、止むに止まれぬ渇望があったり、習慣だから食べたり、食べたいと思うから食べたり…これはどちらかというと精神的な現象だから、患者がどのくらい肥満を精神の病気として認めているか調べているところだ。あらゆる類推をしながら、探している数値を三角法で測定している。最終的に正確なことはわからないとしても、おおよその見当をつけたいと思っている」

話を聞いてわかるように、ポールは究極の答えが見つからないことなどまったく気にしていない。それより、この特定の市場について規模の上限と下限を見定めようとしている。その範囲さえわかれば、このプロジェクトを続行するかどうかを決めるには十分だからだ。

活用・実践ガイド

問題点をリストアップする。分析の計画を立てるとき、頭にあるのはワークプランという具体的な最終結果だ。包括的なワークプランの第一歩は、最初の仮説を立案したときに識別した問題点からスタートする。各々の問題点や、それより細かい問題点について、以下の項目をリストにしよう。

- 答えに関するあなたの仮説
- 仮説を証明あるいは反証するのに必要な分析（重要な順に並べる）
- 分析をするのに必要なデータ
- 考えられるデータ源（たとえば、国勢調査データ、フォーカスグループ、面接調査）
- 各分析の予想される最終結果の概要
- 各最終結果についての責任者（あなた自身かチームのメンバー）
- 各最終結果の期日

このリストは、凝っていたり正式である必要はない。判読できれば、手書きで十分だ。

データ源	最終結果	責任者	期日
記事、面接調査	チャート	トム	6月3日
設備管理、面接調査	リスト	トム	6月5日
設備管理、スラム・マット製造ライン監督者、面接調査	チャート	ベリンダ	6月7日
操業現場、業界出版物	リスト	ベリンダ	6月7日
操業現場、業者、面接調査	表	ベリンダ	6月10日
財務部、事前分析	表計算	テリー	6月12日

例として、またUSA社に戻ることにしよう。第1章では、イシューツリーが完成したところまで見た。あのツリーの枝の一つに「会社は必要な変更を実施できるか」という問題点があったが、それを展開させて細かい問題点に分け、イエス/ノーで答える質問にした。**表2・1**は、その問題点の一つを取りあげて、ワークプランの作り方を示したものだ。

先ほど掲げた、分析を計画するときの項目リストにしたがって、まず、分析対象の問題点と、答えについての仮説に注目しよう。ここでは質問のすぐあとに答えを持ってきたが、別の欄にしてもかまわない。最も重要な問題点を（当然ながら）いちばん上に置く。その下に、細分した問題点を列挙し、さらに細分した問題点についても（も

表 2-1　USA社のイシューツリーに関するワークプラン

問題点／仮説	**分析**
生産プロセスを必要に応じて変えられるか？　**イエス**	
新しいプロセスには特別な設備が必要か？　**ノー**	技術の特定 新しい基準に適合する設備のリスト
特別な設備が必要な場合、確保できるか？　**イエス**	「不足設備」の見取り図 必要な設備／機器のソース 不足を補うのにかかる費用 予想収益率への影響

っと細分した場合は、その問題点も）同様にする。よって、「新しいプロセスには特別な設備が必要か？」という質問の下に、「特別な設備が必要な場合、確保できるか？」という質問がくる。

次の欄は、実施されるべき分析のリストだ。この例では分析の数は多くないが、多くなる可能性はあった。たとえば、新しい生産プロセスの技術的要件に概略図が添付してあれば、わかりやすくて便利ではないか。確かに便利だし、興味を引かれるが、最終的に必要でもないのに誰かが時間をかけて作成しなければならない。その分の時間は、仮説を実際に証明あるいは反証するのに向けられない。したがって、概略図を作成することは最終的に役立っていないし、分析の数を増やした場合にも同じことが起こりうる。

データと情報源については、第3章で説明するので、ここでは簡単に触れておく。データと情報源をリストにしておくと、あらゆる点をカバーするのに役立ち、重要な情報源を見落とすことが少なくなる。重要な情報源に関しては、面接調査がしばしば登場するのに気づかれたことだろう。これについては第3章で取りあげる。

予想される最終結果の記述は、例に示したように簡潔にとどめる。この記述は、チーム内で検討するときの出発点となるものだ。マッキンゼーでは、EMがチームメンバーの一人ひとりにワークプランにおけるその人の役割を説明し、最終結果として何が期待されているかを話し合う。EMは場合によっては、「ゴースト・パック」を見せてくれる。つまり、各々の最終結果についてテンプレートを示してくれるのだが、これは特に駆け出しのコンサルタントにとって、分析の方向を見出すのに役立つ。

責任者については、わかりきったことが大半を占める。当然ながら、誰がどの分析を担当するか決めなくてはならない。その任務に適切な人材を割り当てる（また、その前に適切な人材をチームに入れる）方法については、第6章の「チームをマネジメントする」で取りあげる。ふつうは、分析のひとかたまり（たとえば、細分した問題点）ごとに責任者を一人決めるのが道理にかなっているが、必ずしもそうしなくてもよい。たとえば、ここにあげた例では、「新しいプロセスには特別な設備が必要か？」という問いには、トムが責任を持って答える。ベリンダは、必要になるかもしれない特別な設備を確保できるかどうか調べることになっているが、この分析の一部はテリーが担当する。その理由は、テリーが財務の専門家で、このプロジェクト全体の財務モデルを構築しているので、収益率の分析はテリーに任せるのが道理にかなっているからだ。

期日もまた、改めて説明するまでもない。期日を明確にしておくと、チームメンバーにとって自分に何が求められているか理解しやすいし、それにプロジェクトの開始から終了までの全体の流れが見えるようになる。なかには、ガント・チャートといったプロジェクト日程管理用の図表で期日を細かく追跡したがる人もいる。これは、その人次第だ。

無用な分析を省く。ここにあげた例では、一つの分析が次の分析とだいたいうまくかみあっている。だが、分析の結果によっては、そのあとにつづく分析が全部いらなくなり、実施する手間が省けることがある。たとえば、ある分析によって、特別な設備は必要ないという仮説が証明されるとしよう。その場合、それらを確保できるかどうかという問いは、その問いに付随する分析とともに不要となる。だから、できるだけ先にこうした「支配的な」問いに答えるように分析のスケジュールを立てよう。もちろん、次の分析にかかるのに、前の分析の結果が出るまで待っていられないこともある。いずれにせよ、無用な分析を省く機会は積極的に利用すべきだ。

しっかりしたワークプランには、これから数週間のあなた自身の生活を決定し、チームへの期待を設定する以外に、思考を構造化するのを助けるという面がある。ワークプランを見ながら分析を全部書き出し、優先順位をつけて不要なものを取り除くと、最初の構造把握の段階では露呈しなかった仮説における欠陥があればすぐに気づく。ある卒業生はこう言っている。

「これまでに学んだいちばん重要なことの一つが、先に紙に書いた者が勝つということだ。つまり、紙に書けないということは、頭のなかで明確になっていないか、大したアイデアではないかのどちらかだ。〈あ、そのことなら頭のなかでずっと考えていたし、紙に書いていないけど、どうするかちゃんとわかっている〉と言う人がよくいるが、まず紙に書くことだね」

ときには、ワークプランを作っている途中で分析に立ち返り、分析を再構築するに至ることがある。仮説と分析の反復の関係については、第4章で見ていくことにする。ここでは、立てた仮説が生き物であり、あなたの分析によって生きていることを心に留めておこう。

練習問題

1　第1章で、「新しいプロセスを利用するために、必要な変更を実施できるか？」という問いに関連するＵＳＡ社のイシューツリーの一部を示した。第2章では、「それには、社内にない特別な設備が必要か？」という細分された問題点に関するワークプランを示した。では、「それには、社内にない特別なスキルが必要か？」という細分された問題点について、同じ作業をしてみよう。答えがイエスの場合は、さらなる問いに答えることを忘れないように。

まとめ

最初に立てた仮説を証明する際、しっかりした分析計画が大いに物を言う。各チームメンバーが何をするべきか、それをするにはどこから情報を入手するか、いつまでに終わらせなければならないかが一目瞭然だ。また、仮説の追求が知的になりすぎている場合、ワークプラン作りのプロセスが現実性を確かめるチャンスにもなる。これをいささか初歩的なやり方だと思われる向きもあるだろうが、私たちは大いに推奨するし、効用のほどは卒業生たちも保証している。

ワークプランが完成したら、次は空白を埋めていく作業だ。それには事実がないとできないので、データ収集にかかることにしよう。次章では、分析のためのデータを入手するのに必要な戦略とテクニックについて説明する。

3 データを収集する

マネジメント
- ●チーム
- ●クライアント
- ●あなた自身

分析
- ●構造の把握
- ●計画
- ●収集
- ●解釈

プレゼンテーション
- ●構造
- ●同意

ガイダンス

仮説を立て、それを証明するのに必要な分析方法が決まったら、次は分析を行なうためのデータを収集する。華やかさはないが、非常に重要な作業だ。

事実に対する飽くなき欲求は、マッキンゼー式コンサルティングの真骨頂であり、データ収集は、コンサルタントのスキルのなかで最も重要なものの一つである。入社して半年ほどの新人コンサルタントの誰に聞いても、そう答えるはずだ。また、マッキンゼー卒業生に面接調査をした結果、他の組織で最も改善の余地があるものの一つがデータ収集だと判明した。

本書の「はじめに」で述べたように、私たちは事実に基づいた分析と直観のバランスをとることが重要だと考えている。その際、カギとなるのはバランスである。ところが、ビジネスにおける日々の意思決定は、ほとんど事実に基づく厳密な裏づけなしに行なわれているようだ。一方、マッキンゼーでは一九二三年の創設以来、事実に基づく厳密な裏づけに執着し、それが義務となっている。

この章では、データ収集という興味のつきない世界に奥深く分け入ってみよう。

1　リサーチの戦略とツール――ここでは、「リサーチ戦略」の概観から見ていくことにする。次に、実り多いリサーチを成功させるテクニックをいくつか紹介したい。あるマッキンゼー卒業生が言った「要領よくデータを収集する」テクニックである。マッキンゼーの社内外で、ベスト・プラクティスとして広く認められているリサーチのツールを詳しく解説していく。なかには、すでにおなじみの手法もあるかもしれないが、それを用いて限られた資源で成果をあげるのは容易ではない。また、データの収集に最も役立つ情報源をいくつか紹介する。そのほとんどは無料で利用できるものだ。

2　面接調査のテクニック――ここでは、マッキンゼーにおける最も重要なデータ収集ツールの一つである面接調査について説明する。インタビューのテクニックをいくつか習得すれば、意思決定の質を飛躍的に向上させられる。ここで紹介する、効果のほどが証明されているテクニックを用いて、価値ある情報を発見するチャンスを高めてもらいたい。

3　ナレッジ・マネジメントを究める――最後に、目下、ビジネスの世界で話題になっている「ナレッジ・マネジメント」を取りあげる。効果のあがるナレッジ・マネジメントの戦略とツールを説明し、さらにマッキンゼー卒業生が別の組織に移ってからナレッジ・マネジメントを成功させた実例を紹介する。

実は、リサーチを楽しむ方法も取りあげたかったが、事実による裏づけが十分にとれなかったので、できるだけ苦労しないでリサーチを進める方法の紹介に絞りこんだ。

1　リサーチの戦略とツール

本書で取りあげていることの大半について言えることだが、この場合も、飛び込む前に一歩下がって考えてみよう。はっきり言って、昨今では情報が入手できるかどうかは問題ではない。まったく逆で、情報が多すぎる。グラクソ・スミスクライン社に移ったマッキンゼー卒業生のポール・ケニーは連日、この問題に直面している。

「データ収集のプロセスは変化しているんだ。インターネットには情報が溢れているし、数年前と比べても、すごく増えている。医薬の業界では、データや情報が足らないということがない。それどころか、氾濫している。非常に詳しい情報が、膨大な量の複雑な科学的データとともに売られている。難しいのは、役に立つ情報を見つけることだ」

USフォーティ・アンド・ボーダークロス・マーケティング社の所有者兼役員であるライナー・シゲルコウは、戦略的フォーカスが必要であることを強調して、こう言っている。

「うちのようなビジネスでは、考慮すべき一つか二つの本当に重要な数字に到達することが肝心だ。それ以上のことをしている時間はない」

まったく同感だ。リサーチをするときは、できるだけ多くの情報を集めるのではなく、最も重要な情報をできるだけ迅速に集めるべきだ。

この二人の卒業生の言葉にも見られるように、マッキンゼー式の戦略的な事実調査は、他の組織でも行なわれている。あなたには、長時間かけたのにあまり収穫のなかったデータ探しをした経験はないだろうか。それは避けたいものだ。そこで、まずマッキンゼーではどのようにデータを収集するかを振り返り、次に、こうした概念を他の組織で実行する過程で新たに習得された教訓を紹介する。

マッキンゼーのテクニック

マッキンゼーのリサーチに関する原則を簡単に復習しよう。

問題解決は「事実」から出発する。マッキンゼーにおける問題解決は、事実に依存している。コンサルタントがビジネス経験の豊かな経営幹部ほどの経験や直観を持ち合わせていなくても、事実が埋めてくれる。事実はまた、コンサルタントに対するクライアントの不信感を払拭してくれる。事実によって、コンサルタントは仕事ができることを証明できるからだ。事実の威力にもかかわらず（あるいは、それだからこそかもしれないが）、ビジネスに携わる人の多くは事実を恐れている。だが、嫌な事実を見ないようにしたところで、避けられない事態を遅らせるのが関の山だ。

「見当もつかない」は暗号。少し追求してみるとわかるが、誰にでも何か思っていることがあるものだ。急所をついた質問をいくつかしてみれば、相手がいかに知っているかに驚かされるだろう。誰かに何か質問して、「見当もつかない」という答えが返ってきたら、それをチャレンジとして受けとめること。この答えはおそらく、時間がないからか、不安感のせいか、最悪なところでは、たんなる怠惰からきている。なぜ抵抗しているのかを突き止めて、それにしたがって調整しよう。

また、人が「見当もつかない」と答えるのを容認してはいけないのと同様、あなた自身もそう言ってすませてはいけない。少し考えて調べれば、自分が何かを知っていることに気づいたり、新たに見いだしたりできるものだ。

具体的なリサーチの実践テクニック。マッキンゼーから学んだ、リサーチを向上させる三大テクニックは、次のようなものだ。

1　まず年次報告書に目を通す
2　外れ値に注目する
3　ベスト・プラクティスを探す

年次報告書には、その会社についての重要な情報が一カ所にまとめられている。株主へのお知らせやCEOの報告は必ず読むようにしよう。外れ値の分析（コンピューターを利用することが多い）は、社内調査をするときのカギとなる機会を浮かびあがらせる方法である。このテクニックは、比率を比べたり、主要な測定値を算出したりしながら（たとえば、地域別の販売担当者一人当たりの売上高）、特に良いかまたは悪い値に着目するというものだ。また、ベスト・プラクティスは、一九九〇年代のビジネス流行語でもあり、うんざりするほどおなじみの言葉かもしれないが、今でも大半の会社は、競合他社や、異業種であっても業績トップの他の組織から学ぶ余地がある。

マッキンゼーでの教訓と成功例

どうすれば、戦略的なデータ収集についてマッキンゼーから学んだことを他の組織で応用できるのか。マッキンゼー退社後、他の組織でデータ重視および事実調査のアプローチを実践してきた卒業生に尋ねた結果、三つの方法を見分けることができた。

- 自分の組織のデータに関する方針を診断する
- 確かな事実が持つ威力を証明する
- 適切なインフラを構築する

自分の組織のデータに関する方針を診断する。組織の文化は千差万別であり、データに対する考え方もさまざまである。マッキンゼーでは、社員向けの社内連絡であれクライアント向けの対外的連絡であれ、明確に述べられた見解が事実によって裏づけられていることを要求する、事実重視の強力な文化を培ってきた。卒業生の多くは、マッキンゼーから別の組織に移ると、具体的なデータ分析の欠如に驚かされる。ノースカロライナ州のブルークロス／ブルーシールドの副社長を務めるスティービ・マクニールは、事実の欠如が効率的な意思決定を妨げているのではないかと指摘する。「特に事実や論理の基盤がないまま、ものごとを進めている人たちは、一定の事実と、それらが効率よく伝わることを怖がっているようだ」と言っている。

とはいえ、事実重視の文化は、何もマッキンゼーだけのものではない。直観よりデータに重きをおいている会社は他にもあり、マッキンゼー卒業生のなかには、他の組織がこうした方向に向かうのを後押しした人もいる。自分の組織でデータ収集の動きを推進める第一歩は、現況をありのままに評価することだ。「会社の文化は、事実に基づいたものだと言えるだろうか。同僚は、事実に裏づけされた提案をしているだろうか。意思決定者は、選択の根拠を説明するとき、証拠に言及しているだろうか」。当然、組織内にもばらつきがあるだろうが、どういう態度が支配的であるか判断するのに、それほど時間はかからないはずだ。

自分が所属する組織を分析したら、次は発見した偏りを、あなたの手の届くところから直していこう。自分の影響力がおよぶ範囲、つまり部課や直接の上司から始めよう。もし必要であれば、草の根アプローチをとる。もちろん、部課または会社をゼロから立ちあげられるような恵まれた立場にある場合は、事実に基づく方向からスタートできる。とはいえ、組織にとってちょうどよいバランスを決められるようになるには、「汝自身を知れ」という格言にしたがうことだ。

確かな事実が持つ威力を証明する。ダン・ビートは、マッキンゼーを辞めて、巨大な複合企業体コンセコの戦略計画グループを組織した。ダンは、事実を収集・総合・伝達する能力を発揮して、内部のクライアントである各事業部門の社長の信頼を勝ち取った。

「組織に入ったばかりで、社内に新しく創設されたグループの信用を築きあげる役目を仰せつかったというわけだ。この新しい戦略グループが、できるだけ早く会社全体の業績に貢献できるようにしたかった。何カ月もかけて、戦略的事業部の責任者たちと信頼関係を確立させた。彼らは要するに、われわれのクライアントだ。このときとった戦略は、マッキンゼーのときの経験に基づいたもので、それまで事業部のあいだで共有されていなかった情報を活用して、事実に基づいた知見を提供することにチームを集中させたんだ」

データの収集にいっそう注意を払えば、それ以外の方法では考えられないような確かな知見に到達できるし、事実の基盤があるので、その知見は確かだ。分析や提案を行なうとき、事実による裏づけにもっと重きをおけば、組織内でのインパクトが増すはずだ。ダンの例を使って、事実に基づく知見に威力があることを広く認識させよう。

適切なインフラを構築する。マッキンゼーには、データ収集のための資源がふんだんにある。社内のあらゆる研究調査と専門知識を体系化したデータベースに加えて、社内ライブラリーがあり、コンサルタントのデータ収集を補佐する情報スペシャリストも雇っている。いよいよ今日から新規の研究調査にかかるという日には、研究調査のリスト、専門家の氏名、「調整ずみ」報告書[註]、業界研究、ウォール街アナリストによるレポートなどがコンサルタントの席まで届けられる。コンサルタントが受け取る情報は、たんに量が多いだけでなく、適切なものだ。

今はある大手金融機関の経営幹部になっているマッキンゼー卒業生は、データ・サポートでは、マッキンゼーほどの会社にはめったにお目にかかれないと言う。

「ほとんどの会社が、この面ではあまり努力していないし、効果をあげていないね。うちにも社内ライブラリーはあるが、ビジネスを理解していて、正しい方向に注意を向けさせる術を心得ている専門家がいない」

ここでは、データ収集活動に必要な予算を具体的に見積もることは差し控えるが、だいたいどこでも今より増額する必要があるのはまちがいないようだ。マッキンゼーでコンサルタントが使っているのは、社内報告書、業界レポート、アナリストのレポート、国勢調査データなどだ。自分の組織にとって最も重要なのは、どういう種類の情報だろう。その主要なデータ源を見極めて、そうした情報源を確保するのに必要な額を、組織の予算の許す範囲で割り当てるようにしよう。

註　調整ずみ報告書とは、社内で共有するために修正されたクライアント文書のこと。秘密を守るため、クライアント名は除去され、財務や他のデータは変更されている。

活用・実践ガイド

戦略的なデータ収集は、効率や効果を大いに向上させることができる。ビジネス以外の次のような（仮の）例で、この点をうまく説明できると思う。

戦略的なデータ収集とは。 ジェリーとマリリンは、新しい車を買いたいと思っている。ジェリーは、ホンダから新発売になったSUV（多目的スポーツ車）のコマーシャルをテレビで見る。見た目は気に入ったし、ホンダの車が高品質であることは経験から知っている。翌日、販売店に出向いたところ、マリリンの好きな色があったので、車を注文する。届くのは二週間後だ。

マリリンは、直観だけで行動することがよくあるジェリーが車の購入を早く決めすぎたような気がしている。もっと事実を重視するタイプのマリリンは、状況を考えたうえ、リサーチをしてみることにする。この前の週末、息子が手伝ってくれてインストールしたばかりの高速インターネット回線に接続して、データを収集し、消費者レポートにアクセスする。

さまざまなモデルの特徴と数字を（孫のためのスペース、安全性、燃料効率といった、決定を左右する基準を用いて）比較したあと、マリリンは視点を変える。今度は、釣り竿とリールのいろいろな組合せについて情報を集める。年一回の家族旅行で湖に行くのに、ジェリーが新しい道具を買いたがっているのを知っているからだ。メーカー四社の何種類かの釣り道具について、簡潔で優れた比較レポートを選んでプリントアウトする。もちろん、価格データも入っている。それを見たジェリーは、釣り竿とリールの情報に感心して、二人でオンラインで注文する。二日後、ジェリーはマリリンにこう尋ねる。

「車のことも、同じように比べてみることを考えた？」

事実を重視する文化を築く。自分の組織で強力な事実が引き起こすかもしれないインパクトを考慮して、このマリリンのようなやり方を用いて、以前は存在しなかったような優れた知見を提供するとよい（これが効率のよいデータ収集の目標とするところだ）。収益性や売上高の伸びといった、あなたの会社が最も重視している目標に基づいて、何が重要であるかを見つけ出そう。それから適切なデータを集めて、優れた知見を共有することだ。

事実を重視する文化を築くことに関しては、一人で何とかしようなどと思わないほうがよい。マッキンゼーも、十分かつ専用の資源なしにリサーチの専門知識を持つに至ったわけではない。投資をしてリサーチ・スペシャリストを雇い、その人たちに、組織の意思決定に役立つ適切な定期刊行物やレポートを購入する権限をあたえることだ。だが、選別することは怠らないように。どのくらい利用されているかをモニターして支出を管理し、利用価値を評価する。この戦略が、組織によって少しずつちがってくるのは言うまでもない。巨大な多国籍企業であれば、社員五名の新設企業より複雑なサポート組織が必要だし、それを構築する力もある。必要なのは、予算だけではないことを忘れないでもらいたい。組織内で事実がもっと利用されるようにするインセンティブなど、適切な文化的要素も必要である。この点については、この章の「ナレッジ・マネジメント」の項で詳しく説明する。

適切な情報源を探す。 最後に、「確かな」データ源の重要性を考えて、現在、一般に利用可能で非常に優れたリサーチのツールをいくつか紹介することにした。一一四ページの**表3・1**に、役に立つサーチエンジンと一般情報ガイドをリストにしてある。これらの情報源には、一般情報（たとえば、国勢調査局のデータ）を多く含むものもあれば、特定のテーマや業界を専門にしているものもある。少し試してみれば、自分にとって適切な情報をいちばん簡単に手に入れられるのはどの情報源かがすぐにわかる。ちなみに、量より質であることを忘れないように。

練習問題

1　データを重視しているかチェックしてみよう。あなたが最後に行なったプレゼンテーション（取締役会、上司、配偶者などを対象として）の資料を取り出し、書いたものやメモを改めて見て、主な主張を要約する。主張ごとに、論点の裏づけとなる事実を書き出してみよう。事実はいくつあったか。事実の裏づけのない主張をしていないだろうか。もし、していたら注意信号だ。プレゼンテーションの種類にもよるが、論点ごとにしっかりした裏づけとなる事実が少なくとも三つは必要だ（一つの事実があまりにも決定的である場合は別）。

2　今、直面している問題についてデータ収集計画を立ててみよう。仕事上、困っている問題点について分析する。まず、全体的な仮説を立て（第1章を参照）、次に、主なポイントを少なくとも三つ見つけ、それらを裏づける（あるいは反証する）のに最も適切な一、二の事実を識別する。それから、可能性のある情報源（文書または人物）を見つける。これには創造性が要求されるかもしれない。

表 3-1　一般に利用できるデータ源

サーチエンジン分野●名称／説明／アドレス（費用は、すべて無料）

Asianet's Select Search Engines
950 以上のサーチエンジンが 1 カ所に
www.asianet.net/search.html

Findspot
便利なサーチエンジン・ガイドと検索の補佐
www.findspot.com

Google
13 億以上のウェブページにアクセスできる簡単な検索
www.google.com

Hotbot
1 億以上のウェブページの全テキスト
www.hotbot.lycos.com

Alta Vista
強力なサーチエンジン、特に上級検索向け
www.altavista.com

FAST Search
5 億 7500 万以上の URL にアクセス、数多くのサイト
www.alltheweb.com

Yahoo
定番の 1 つ、一部商業化
www.yahoo.com

BPubs.com
ビジネス出版物のみの検索
www.bpubs.com

表 3-1（つづき） 一般に利用できるデータ源

一般情報分野●名称／説明（費用）／アドレス

ABI/Inform Global(Proquest Direct)
1000 以上の主要定期刊行物から記事の抄録および全文テキスト（費用は、まちまち）
申込み情報は www.proquest.com

Academic Universe(Lexis/Nexis)
全般的および特定の業界および企業情報。主要なニュース送信サービス（費用は、まちまち）
申込み情報は www.lexis-nexis.com

AJR NewsLink
米国 3400 紙、米国以外 2000 紙以上の新聞へのアクセス （無料）/ajr.newslink.org/news.html

Business&Industry
国際企業のデータ、数字、主要なできごと（費用は、まちまち）
申込み情報は www.galegroup.com/welcome.html

Business Wire
業界と企業に関するビジネスニュースと情報、最新ニュース（無料）/www.businesswire.com

Dow Jones Interactive
新聞、雑誌、定期刊行物、放送メディアからの全文テキストへの幅広いアクセス（費用は、まちまち）
申込み情報は http://askdj.dowjones.com

Individual.com
企業と業界の無料ニュース、インプットによってカスタマイズ可能（無料）/www.individual.com

2　面接調査のテクニック

マッキンゼーの外で行なわれる面接調査の具体例は、探すまでもなかった。本書の執筆にあたって、私たちはデータ収集の主な手段として面接調査を利用し、マッキンゼーで学んだ面接方法が非常に役に立ったからだ。何十人もの卒業生と面接調査をするときや、数多くの卒業生にEメールでアンケートを送るときは、適切な人を選ぶようにし、面接ガイドやアンケートを入念に検討し、結果をきちんと文書にした。次に、表計算ソフトを使って面接の内容を要約し、卒業生のコメントとして本書に用いたのである。

マッキンゼーは、面接調査を多用している。事実、面接はすべてのエンゲージメントの一部となっており、それによって直接の一次的データが生み出されるだけでなく、二次的データの情報源を見分けられる。また、面接の価値はデータ収集にとどまらず、自分の考えをテストしたり、〈支持を獲得する（第7章を参照）〉ためのメカニズムともなる。

では、まずマッキンゼーの面接のヒントを振り返り、それから、特定の面接方法をあなたの組織で実行して成功を収めるにはどうすればよいかを見ていこう。

マッキンゼーのテクニック

マッキンゼーが面接調査で心がけているのは、準備と礼儀である。

事前の準備――面接調査ガイドの作成。面接調査ガイドとは、聞きたいことを聞こうと思う順番に並べてリストにしたものである。このようなガイドが必要な理由は二つある。第一に、紙に書き出すことによって、自分の考えが整理される。第二に、ガイドがあれば、面接される側は何について聞かれるかがわかり、準備することができる。

ガイドは簡潔にする。質問は、最も重要な三つか四つに絞り込む。面接相手との限られた時間内で、それらの点について答えてもらうことを目標とし、それ以外は余禄だと見なす。最後に忘れないようにしたいのは、マッキンゼー人の十八番ともいうべき質問、「何かお聞きするのを忘れていることはありませんか」で締めくくることだ。これが、ときたま功を奏する。

面接の本質――聴きかつ導く。面接は、厳密でありながらもこまやかな配慮を持って進める。それには積極的に聴くこと――うなずいたり、つなぎの言葉をはさんだり、

「はあ」とか「ええ」といった「マッキンゼー式うなり声」で、聞いていることを相手に知らせる――が重要な役割を果たすが、沈黙の価値も見逃してはならない。賛意を示すようなボディランゲージを活用しよう。面接相手がわき道へそれたり、答えをはぐらかすことがないよう気をつけ、慇懃《いんぎん》かつ断固とした態度で面接を計画通りに進める。

面接調査を成功させる七つの戦略。マッキンゼーのコンサルタントは、いくつもの戦略を用いて面接を効率よく実施する。

1　面接相手の上司にお膳立てをしてもらう
2　二人組で面接をする
3　誘導しないで耳を傾ける
4　相手が言ったことを言い換えて確認する
5　間接的アプローチを用いる
6　面接相手に多くを求めすぎない
7　コロンボ戦術を用いる

これらは、最後にあげたものを除き、改めて説明するまでもないだろう。ピーター・フォークが演じた七〇年代のテレビドラマの主人公、刑事コロンボは、容疑者に質問し終わって戸口までくると、はたと立ち止まってもう一つ質問する。これがたいてい、絶妙だった。この戦術がうまくいったのは、容疑者が警戒を解いて、真実が露見することがよくあったからだ。面接相手が隠しごとをしているような気がする場合、このアプローチを試してみてはどうだろう。問題の解決につながるかもしれない。

面接の相手を裸にしない。なかには、面接されることをひどく心配する人がいる。面接する側には、相手の不安に配慮する義務がある。求めている情報を入手するには、面接相手とつながりを確立させることだ。相手を絞りあげて、後味の悪い思いをさせるようなことはしてはいけない。まず、こうして面接をしている本来の目的や、その情報がもたらす良い影響をきっちりと説明し、さらに、お返しとして何か役立つ情報を提供する。面接する人は、される人より権力のある立場におかれているのがふつうであり、その権力を慎重に行使する義務がある。

面接トラブル対処法。どれほど周到に準備して、いくらこまやかな配慮をしても、いつかは「やっかいな」面接相手と出くわす。相手には、ものごとはこうあるべきだという独自の考えがあり、こちらの考え方とは噛み合わない。相手が厳しい態度で臨んできたら、こちらも応じるしかない。相手のほうがうわてでないことを願いながら。

やっかいな相手というのが、肝心の情報をわざと教えてくれない「サンドバッグ打ち」のこともある。サンドバッグは迂回すべき障害物なので、妨げるもののない道を進めば別の情報源にたどり着く。もちろん、それにふさわしい重装備があれば、ひたすら前進して相手を蹴散らすこともできる。

しかし、面接相手としていちばんやっかいなのは、問題解決プロセスによって職が危うくなる人だ。その人が解雇されそうなことを知りながら、面接しなければならない。残念ながら、これには簡単な解決策がない。組織全体の利益のために、やり遂げるしかない。

必ず礼状を書く。礼状を書くことは、礼儀であるだけでなく、ビジネス上の意味もある。礼状は、将来的に利益をもたらすような関係を築きあげるのに役立つからだ。思いがけない礼状を受け取ったときの良い気分を想像してもらいたい。ニューエコノミー時代の情報通信の環境にあって、誰もが目まぐるしい速さで前進している昨今、大方の人は、こうした心配りをなかなか無視できないものだ。美しく咲いた花を愛《め》でる時間をとり、それをもたらした人たちにも感謝しよう。

マッキンゼーでの教訓と成功例

はっきり意識していないかもしれないが、あなたも毎日、誰かに「インタビュー」しているのではないだろうか。相手は、顧客だったり、同僚だったり、競争相手だったり…。自分が取り組んでいる問題について、重要なデータや情報を持っている人と接触したことは何回くらいあるだろう。そもそも、面接とは何か。二人以上の人間が、特定の情報を得ることを目的として、通常より少し正式に話をすることでしかない。

コンサルタント、とりわけマッキンゼーのコンサルタントは、面接には最大の敬意を持ってあたる。時間と努力を惜しまず面接の準備をして、面接から学ぶ。これは読者のみなさんにも勧めたい。

マッキンゼー卒業生と話してみて、面接のスキルが他の組織に移ってからも効果をあげていることが確認できた。とはいえ、マッキンゼーの外では事情が異なっている。マッキンゼーでは、面接調査はどのプロジェクトでも必ず行なわれる標準的な作業手順であり、意図された一貫性に基づいて実施されている（その程度たるや、結果を要約するために、MSワードの特別なテンプレートがあるほどだ）。他のビジネスのシナリオでは、面接に対する扱いがちがう。つまり、それほど正式ではなく、準備や遂行にそれほど時間をかけていない。マッキンゼー卒業生は、面接によってデータ収集の効率を高めようとしてきた経験を語ってくれ、読者のみなさんの仕事に面接をできるかぎり活用するにはどうすればよいか見極めるのを手伝ってくれた。

●面接を構造化する

- ●面接では聞くことに徹する
- ●面接では、こまやかな配慮をする

面接を構造化する。 もうお気づきかもしれないが、私たちは、問題解決には論理的で、順序づけられ、構造化されたアプローチがベストだと思っている。たぶん、これまでの教育、性格、マッキンゼーでの訓練などが相まって、こういう方針に到達したのだろう。私たちはマッキンゼー退社後、仕事の環境にいくらかばらつきがあり、特に形式を守る度合いに開きがあることを認識するようになった。それにもかかわらず、面接に関しては、それほど正式ではない状況でも、面接ガイドから始まるすでに説明した構造と基本ルールにしたがうことを強く勧めたい。現在は大手金融機関で働いているある卒業生も、まったく同意見だ。

「いつも面接ガイドを持っていく。内部の人間と話すときも、外部の人と会うときも、必ずだ。ガイドにはふつう、聞きたい重要な点を四つか五つ書いておく。自分が何を知ろうとしているのか、始める前にはっきりさせておくのは、すごく大切だと思う」

面接の状況（関係、目的、雰囲気）はさまざまであっても、変わらない要素があるものだ。マッキンゼーのコンサルタントは、それをいち早く身につけ、同じ形式を繰り返し使う（故障してなければ、修理することはない）。実際のところ、あえて凝ったことや時間のかかることをする必要はない。

私たちは、本書を執筆するためのデータ収集に面接ガイドを用いたので、それを紹介したい。今回、作成した面接ガイドは二種類だ。Ｅメールで数千人のマッキンゼー卒業生に送ったアンケートと、数十人との対面調査に用いたものである。Ｅメールのアンケート（二二九ページの**表3・2**）の主な目標は、回答者が私たちの取りあげている主要分野を認識してくれるように導き、マッキンゼー退社後の経験を語ってもらうことだった。こちらのほうが、対面調査用のガイドより長く、具体的である。また、自己紹介し、プロジェクトを説明し、主な目的を知らせる手紙も添えた。

対面調査に用いたガイド（二三〇ページの**表3・3**）のほうは、だいたいは同じ形式だが、自由に答えられるようにし、面接相手が項目のあいだを自由に動けるようにした。文面はできるだけ単純にし、カバーしたい要点が強調されるようにした。そうすることによって対面調査は円滑に進み、私たちも集中することができた。

面接相手に不意打ちをかけたいときは別だが、面接ガイドは相手に前もって見せておこう。また、面接ではメモをとり、終了後、判読できるように清書する。

面接では聞くことに徹する。一九九七年にマッキンゼーを辞めたディーン・ドーマンは、GEでゲイリー・リーバー直属の部下として一年間働き、次にEコマースの新設企業に移った。現在はシルバー・オーク・パートナーズの社長兼最高業務責任者として、レバレッジド・バイアウト（LBO）業界に戦略的ソーシング・サービスを提供している。極めて積極的で言葉に窮するようなことなど決してないディーンだが、そんな彼でも今日のビジネス・リーダーにとって耳を傾けることがいかに重要かを認識している。

「シルバー・オークの社長に就任する前、一年ほど顧問団のメンバーだったので、そのあいだに経営陣の計画を注意して見ていた。そうしながら、会社を次のレベルに持っていくには何をしなければならないか、自分なりに仮説を立ててみた。社長になるとまず、仮説を確かめるために〈見て、聞いて、学ぶ〉ツアーと名づけたものに取りかかった。最初の六週間、職務上および独創性におけるリーダーたち全員と会って、一人ひとりと二〜三時間ずつじっくりと話した。早い時期に時間をとって話を聞いておいたのが非常によかったと思う。会社に対して、ほんものの影響力を持つことができた」

ディーンのように、新しく入った組織で人の話に耳を傾けると得るところが大きいのは当たり前だが、これは他の状況でも同じだ。有能な経営者は、大半の時間を聞くことに使っている。残念ながら、学校教育では聞き方の訓練をほとんどしてくれない。だから苦労して学ぶことになる。マッキンゼーから学んだことで、あなたの仕事に応用できるものとしては、聞くことの重要性を認識する、（適切な人に、適切なテーマについて）耳を傾ける時間を増やす、積極的に聞くことなどである。

積極的に聞くというのは、言葉と言葉以外の合図を効果的に利用することによって、面接相手が答えてくれることを奨励し、導くことである。面接では、うなずくことや、腕を組むことや、顔の表情が、想像以上に大きな役割を演じる。面接に真剣に注意を集中させていれば、こういうことは自然に起こる。自分で無理をしているのが感じられたら、その面接はたぶん、一五分ほど前に終わらせるべきだった。

面接では、こまやかな配慮をする。マッキンゼー卒業生たちは、転職後の職場で面接テクニックを実行する過程で、やり方が重要だということがわかった。なかには（私たちから見ると思いちがいをしていて）、面接相手をとことん追求すべき情報源と見なしている人がいるが、私たちは別のアプローチを勧めたい。面接相手とは、良い関係を築くようにしよう。面接は知らない人と出会うチャンスだと考え、その人を問題解決のための作業に積極的に参加させることだ。面接は双方向のやりとりであり、一方的な情報の移転より影響がはるかに大きい。面接の過程で相手をパートナーとして扱えば、こうした関係を育むことができる。

実際の面接では、初めが肝心である。それによって、その相手と過ごす時間の雰囲気が決まる。マッキンゼーのコンサルタントは、いきなりデリケートな質問などしない。それには前もって、何が「デリケート」な質問となりうるのか考えておく必要がある。たとえば、解雇者が出るかもしれないコスト削減計画に取り組んでいるのであれば、開口一番、その人の勤続年数や、収益への貢献度について聞かないほうがよい。トイザラスで戦略計画と事業開発を担当する上級副社長のフランチェスカ・ブロケットは、この考え方を取り入れたアプローチをとっている。

「面接に関してマッキンゼーで学んだ最も重要なことは、あまりデリケートではない問題点から入るということです。事業部内でも、組織全体でも、人間関係を育てるのに、この一般的なテクニックをよく利用したものです。今ではもう、私のＤＮＡの一部になっていると思いますよ」

個人的な予定のことも忘れないようにしよう。あなたが日々接している従業員、顧客、競争相手には、一人残らず予定がある。ここでいう予定とは各人が目標として持っているもののことで、その達成や促進を手伝ってもらいたいと思っていることもある。ところが、それがこちらの予定と相反することがあるので、面接する側としては、そういう状況を予測して備えておく必要がある。場合によっては（自分の目標の妨げとならない場合にかぎられるが）、相手が目的を達成するのに手を貸せるかもしれない。少なくとも、面接相手の状況に共感を示すこと、そして不要な摩擦を起こすような問題点は避けることだ。

活用・実践ガイド

マッキンゼーでは、コンサルタントに対人能力の研修を受けさせる。入社してから一年が経過したコンサルタントは全員、ふつうはドイツや英国の美しい田園地帯で行なわれる対人関係能力のワークショップに送り込まれる。一週間におよぶワークショップは密度が高く啓発的で、リーダーは参加者一人ひとりについて、他者とうまくやっていく能力を細かく分析する。

ドイツの黒い森地方で行なわれたワークショップで、著者の一人であるポール・フリガは、目から鱗が落ちるような経験をした。自分の短いキャリアを振り返ってみて、目標の設定と達成に集中するあまり、最終結果が強迫観念となっていたことに気づいたのである。自分と最終結果のあいだにあるものは何も目に入らなくなり、目的地だけでなく、そこに着くまでの道程があることを忘れていたのである。

などが含まれる。

●クライアントのマネジメント：クライアントを味方につけておくという重要なプロセス。研究調査の売り込み、エンゲージメントの構造化、クライアント・チームの管理などが含まれる。

●あなた自身のマネジメント：マッキンゼーでの日々は、なまやさしいものではなく、たいていの人がマッキンゼーでの生活と現実の生活を両立させる術をなんとか見つける。たとえば、期待感への対処、上司の扱い、配偶者への対応など。

●別の組織でマッキンゼー方式を実行するとき、どういう問題に直面しましたか。

●電話あるいは対面による短いインタビューに応じていただけますか。応じていただける場合は、電話番号を教えてください。

●マッキンゼーに関して、何か私たちが聞き忘れていることはありませんか。もしあれば、それに対する答えも教えてください。

●お聞きしたことを執筆中の本で使わせていただいた場合、サイン本をお送りします。さらに、匿名を希望される場合を除き、「謝辞」に記しますが…。

●住所を教えてください。

●お聞きしたことを使わせていただく場合、本名ではなく変名にしますか。＿＿＿＿＿はい＿＿＿＿＿いいえ

●お聞きしたことを使わせていただく場合、お名前を「謝辞」に記したほうがいいですか。＿＿＿＿＿はい＿＿＿＿＿いいえ

表 3-2　本書執筆のためのEメールによるアンケート

アンケートにご協力いただき、ありがとうございます。回答は、ポール・フリガまでメールでお送りください。

● お名前、会社名（もしあれば）、役職・職務

● マッキンゼーで学んだ最も重要な教訓は何ですか。それは現在の仕事の方法にどのように影響していますか。

● 以下にマッキンゼーで学んだ手法をカテゴリー別に並べました。各々について、マッキンゼーで学んだことを思い出して、それをマッキンゼー以後の経験にどのように応用したか例をあげてください。

● **問題の構造を把握**：マッキンゼーで問題を分解するのに用いられているスキルやテクニック。たとえば、仮説、ブレーンストーミング、過去のエンゲージメントの分析的フレームワークなど。

● **データの収集**：仮説の証明に向けて、データを収集・管理するのに用いるテクニック。たとえば、面接調査、社内の研究活動事例の検索。

● **データの分析**：データから役に立つ結論を引き出すのに、マッキンゼーで用いられている方法。このカテゴリーには、「80 対 20 の法則」や「海の水を全部沸かすな」といった人気のあるものが含まれる。

● **プレゼンテーション**：ブルーブックを用意するような正式のプレゼンテーションから、クライアントのチームメンバーとの非公式のミーティングまで、メッセージが伝わるようにするテクニックやコツ。たとえば、「1 つのチャートに、1 つのメッセージ」「エレベーター・テスト」、いつでも欠かせない事前報告など。

● **チームのマネジメント**：マッキンゼーのチームリーダーが、チームを効率的に保つために用いる（場合によっては、避ける）スキル。チームのメンバー選び、内部のコミュニケーション、チームのきずな作り

表3-3　本書執筆のための対面調査ガイド

1. マッキンゼー在職中に学んだ手法やテクニックのうち、新しい職務に応用して最も役立ったものは何ですか。どういう状況でしたか。うまくいきましたか。
2. 以下にマッキンゼーで学んだ手法をカテゴリーごとにまとめました。各々について、それをマッキンゼー以後の経験にどのように応用したか、例をあげてください。特定のツール／テクニック／戦略、状況、実践的教訓、反応、成功例について述べてください。

問題の構造を把握：マッキンゼーで問題を分解するのに用いられているスキルやテクニック。たとえば、仮説、ブレーンストーミング、過去のエンゲージメントの分析的フレームワークなど。
データの収集：仮説の証明に向けて、データを収集・管理するのに用いるテクニック。たとえば、面接調査、社内の研究活動事例の検索。
データの分析：データから役に立つ結論を引き出すのに、マッキンゼーで用いられている方法。このカテゴリーには、「80対20の法則」や「海の水を全部沸かすな」といった人気のあるものが含まれる。
プレゼンテーション：ブルーブックを用意するような正式のプレゼンテーションから、クライアントのチームメンバーとの非公式のミーティングまで、メッセージが伝わるようにするテクニックやコツ。たとえば、「1つのチャートに1つのメッセージ」「エレベーター・テスト」、いつでも欠かせない事前報告など。
チームのマネジメント：マッキンゼーのチームリーダーが、チームを効率的に保つために用いる（場合によっては、避ける）スキル。チームのメンバー選び、内部のコミュニケーション、チームのきずな作りなどが含まれる。
クライアントのマネジメント：クライアントを味方につけておくという重要なプロセス。研究調査の売り込み、エンゲージメントの構造化、クライアント・チームの管理などが含まれる。
あなた自身のマネジメント：マッキンゼーでの日々は、なまやさしいものではなく、たいていの人がマッキンゼーでの生活と現実の生活を両立させる術をなんとか見つける。たとえば、期待感への対処、上司の扱い、配偶者への対応など。
マッキンゼーに関して、何か私たちが聞き忘れていることはありませんか。もしあれば、それに対する答えも教えてください。

私たちの考えでは、任務の遂行はプロセスの相互作用とバランスがとれていなければならない。それには、途中で人を踏みつけにすることなく、成し遂げねばならないということだ。面接も同じことで、人間関係は大切である。自分の他者に対するアプローチをとくと思い返して、必要であれば、能力を伸ばすことを考えることだ。

自分の毎日のスケジュールをよく思い出して、他者から重要な情報を手に入れる機会をすべて識別し、これらの人びとにどのように接するべきかを考えてみよう。これらの機会を十分に活用できるように、適切な準備をしているだろうか。聞いたことを忘れないように、書きとめているだろうか。自分のスケジュールを思い返しながら、話すのではなく聞く時間を増やすようにしよう。

面接前後のフォローに気を配る。人間関係をよくする方法のあとには、もっと具体的なものがよいかと思うので、構成の問題に移ろう。面接ガイドについては、この項ですでに説明したし、いくつか例もあげた。しかし、ガイドを作成しただけで事足りるわけではない。面接を完璧なものにするチャンスは、さらに二回ある。面接前の連絡と面接後のフォローである。

面接ガイド（あるいは、それ用に書き替えたもの）は、面接日のかなり前に相手に送ること。ただし、一週間以上前に送った場合は、アポイントメントを確認するときに再度送ったほうがよいかもしれない。そうすれば、面接相手は答えを準備できるし、助けが必要かどうか判断できるので、大いに役立つはずだ。また、面接相手は心配りに感謝してくれるだろう。何といっても、驚かされるのが好きな人はいない。

もっとも、ときにはルールを曲げなければならないことがある。たとえば、社内政治的に緊張しているような状況では、抵抗されたり、ごまかされたりする可能性があるので、準備時間をあたえたくないことがある。とはいえ、一般的には、これを標準的な手順とするべきだ。

現在はドイツ政府の高官になっているある卒業生は、事前にガイドを送ることとフォローがいかに有益であるかを語ってくれた。

「プロジェクトの早い段階で、仮説を明らかにし、それに関連する物質的ニーズを見極め、売り込むために、面接を大いに活用している。面接ガイドを作って、面接の相手が準備したり、知らない情報を調べたりできるように前もって送っておくんだ。面接が終わったら、結果を文書にしてフィードバックとして相手に送り、こちらが正しく理解していることを確かめ、誤解していたら訂正することにしている」

面接後のフォローもまた、面接のプロセスに価値を付加するものだ。聞いたことを確認し、言われた通りに理解したことを確かめる機会となる。まちがいは時間が経つにつれて大きくなるので、早い時点で明らかにしておくべきだ（メッセージを伝えていくうちに支離滅裂になっていく〈伝言ゲーム〉を思い出してほしい）。それから何度も繰り返すが、礼状はとても大切なので忘れないようにしよう。

最後に、感受性の問題に関してだが、面接をうまく始めるには、ゆっくり取りかかることだ。ふつう、達成しようと思っていることの総括的な展望から始め、なぜその人と会っているのかというところから入っていけば、まちがいない。調子が出るように、何かきっかけを作る言葉を考えておくべきだが、「良いお天気ですね」といった平凡なものは避けること。面接相手になったつもりで、その人の仕事に思いを馳せてみるとよい。たとえば、「エレクトロニクス製品の欠陥なんて、私の視力ではとても見つけられないと思いますよ。こういう仕事には、視力はどのくらいあればいいのですか」というように。もちろん、状況によっては異なるアプローチが必要なこともあるが、デリケートな話題に移る前に、互いの気持ちが通じ合うようにすることを勧める。

練習問題

1　面接ガイドを作成してみよう。まず、重要な面接の機会を見つける。その面接の目標、あるいはどうしても入手したい情報をリストにする（第1章と第2章で説明した仮説から割り出す）。次に、リストを短くするため、まとめられるポイントを一つにしたり、関係のないものを削る。こうしてミーティングの目標となる二〜三の重要なポイントが残った。次に、この質問を基にして、面接ガイドを作りあげる。面接相手の個人的な予定を考慮することや、デリケートな問題に気をつけることを忘れないように。少なくとも二日前までに、面接ガイドを相手に送る。

2　礼状を書いてみよう。難しく考える必要はなく、トレーニングだと思うことだ。昔ながらの手書きでもいいし、パソコンで作成してもいい。いい気分になってきたら、もう一通書いてもよい。

3　ナレッジ・マネジメントを究める

ナレッジ・マネジメント（知識管理）は、現在、話題を集めているビジネス流行語でありながら、あまり理解されていない。ビジネス・ウィーク誌の最近の調査によると、大手多国籍企業一五八社の八〇％以上が、ナレッジ・マネジメントをすでに正式に採用しているか、あるいは積極的に計画を推進している。[註] マッキンゼーは、以前からナレッジ・マネジメント分野のリーダー的存在として認められており、他の組織がこの手法を確立させるのに大いに貢献できる立場にある。

註　ビジネス・ウィーク誌二〇〇〇年八月二八日号の一三五～一三七ページに掲載されたニール・グロスによる記事（"Mining a Company's Mother Lode of Talent"）。

そもそも、ナレッジ・マネジメントとは何か。まず、何がナレッジ（知識）ではないかを明らかにしておこう。データと情報は、知識ではない。データは事実であり、発生したことの観測結果であり、数字である。情報は、データを集めたものや、いくらか統合したものだ。知識は、付加価値プロセスにおいて情報と経験と状況が渾然一体となったものである。これはまず、個人の頭のなかで起こり（この段階のものは、「体系化されていない知識」と呼ぶ）、他の人とは討議や文書化を通して共有することができる（その時点で知識は「体系化」される）。ナレッジ・マネジメントは、社内の体系化されていない知識と体系化された知識の価値を、組織が最大限に活用できるようにするシステマティックな方法である。これは一般に、体系化された知識がデータベース化または文書化されていることを意味している。

経営幹部や学者の多くは、ナレッジ・マネジメントの技術プラットフォームを含む体系化戦略ばかりに注意を集中させている。私たちは、マッキンゼーが説いているように、いくら最良のナレッジ・マネジメント技術でも、社内の真の知識の小さな部分しか捉えられないと考えている。したがって、本当にうまくいく戦略となるには、廊下を行き来している貴重な経験を捉えて使える形に変えられるように、技術を超えた段階に進まなければならない。

マッキンゼー卒業生で、現在はＧＥで輸送部門の事業開発責任者を務めるビル・ロスは、新しい職場におけるナレッジ・マネジメントについてこう語る。

「マッキンゼーのように知識を重視する会社に入ることができて幸運だった。GEは学習する組織で、その先頭に立っているのがジャック・ウェルチだ。実際、ジャックはナレッジ・マネジメント能力こそ、GEに大成功をもたらした中心的要因だと言うはずだ。

社内では誰もが、組織内外のベスト・プラクティスに注目している。事業部とサービス・カウンシルといった特別グループは、定期的に連絡をとるから、主なプロジェクトを全部把握できるというわけだ。大がかりなデータベースなんか使おうとは思わないね。情報を更新するのが大変だからだ。これはリアルタイムの話なので、三カ月ごとにグループ間会議でベスト・プラクティスについて話すとか、定期的に集まるのがいちばんんだ」

ナレッジ・マネジメントとは、既知のものを利用して企業の価値を最大化することだ。私たちは、これは重要なことだと思うし、ナレッジ・マネジメントに向けている時間と努力から見て、マッキンゼーも同じ考えである。この項では、マッキンゼーのナレッジ・マネジメント戦略を簡単に振り返り、それから他の組織での経験を紹介する。

マッキンゼーのテクニック

ナレッジ・マネジメントに関連するマッキンゼーの中心的方針は、初めての問題など存在しない、という考え方だ。

初めての問題など存在しない。 どのような問題に直面している場合でも、どこかで誰かが同じような問題に取り組んだことがあるはずだ。マッキンゼーは、その経験を保持して利用することの価値を認め、徹底的に体系化している。PDネットというデータベースには、過去の報告書が特定できないように調整されて、社内のコンサルタントが利用できるようにしてある。これは、「ノウハウ」のデータベースだ。もう一つのデータベースは、「ノウフー」とでも呼ぼうか、さまざまな業界や活動分野におけるマッキンゼーの専門家全員の名簿である。どちらのデータベースも、業界、時期、専門家、オフィスをはじめとするいくつかの規準によってデータをソート（並べ替える）できるようになっている。

マッキンゼーでの教訓と成功例

マッキンゼーは知識を売るのを仕事としており、そういう会社は他にもたくさんある。難しいのは、社内で体系化されている知識とされていない知識を、いかに利用するかだ。

私たちは、技術を超えた全体的視点からナレッジ・マネジメントを見ている。ナレッジ・マネジメントに不可欠な分野について、フレームワークを図解したもので見てみよう[註]（一四一ページの図3・1）。

まず、文化とは、社員がどのようにナレッジ・マネジメントを理解し、知識の共有化に支援とインセンティブをあたえられ、組織全体で共有するという気持ちで相互に影響しあっているかを示すものだ。マッキンゼーにはナレッジ・マネジメント戦略が浸透しており、知識はすべての社員によって共有され、相応の報酬があたえられている。

二つめのインフラとは、事務所や事業部の配置、組織的構造、ナレッジ・マネジメントのプログラム（ナレッジ・マネジメント担当役員を含む）に関するものだ。ナレッジ・マネジメントのインフラの一例をあげると、マッキンゼーには各オフィスに情報スペシャリ

註　このフレームワークは最初、Armbrecht, Chapas, Chappelow, Farris, Friga.et al. “Knowledge Management in Research and Development,” *Research and Technology Management* (July/August 2001), pp.28-48 で示されたもの。

ストの広範囲のネットワークがあり、新しい分野や業界について素早く情報を仕入れようとしているチームにいつでも力を貸してくれる。他の組織でも、同じような体制を整え始めている。

三つめの技術とは、企業が最も効率よく知識を体系化し、共有するのに用いる戦略のことだ。ナレッジ・マネジメントの技術プラットフォームとして一般的なものに、企業イントラネットがある。どの技術プラットフォームの場合でも、中身である情報を最新かつ高質に保つことは継続的な難題である。図の三角の中心には、「事業成果」と書かれている。これはナレッジ・マネジメントを評価する基準が、組織の収益にどう影響したか、につきるからだ。このフレームワークを利用して卒業生から聞いた話を解釈した結果、ナレッジ・マネジメントの実行に関して次の教訓が得られた。

●すぐに応える文化を創り出す
●外部の知識を活用する
●入力の質を管理する

すぐに応える文化を創り出す。組織の文化は、馴らすのが容易ではない動物のようなものだが、極めて重要だ。ここでいう文化とは、組織とその行事やプロセスに関して社

図 3-1　ナレッジ・マネジメントを実現するための体制

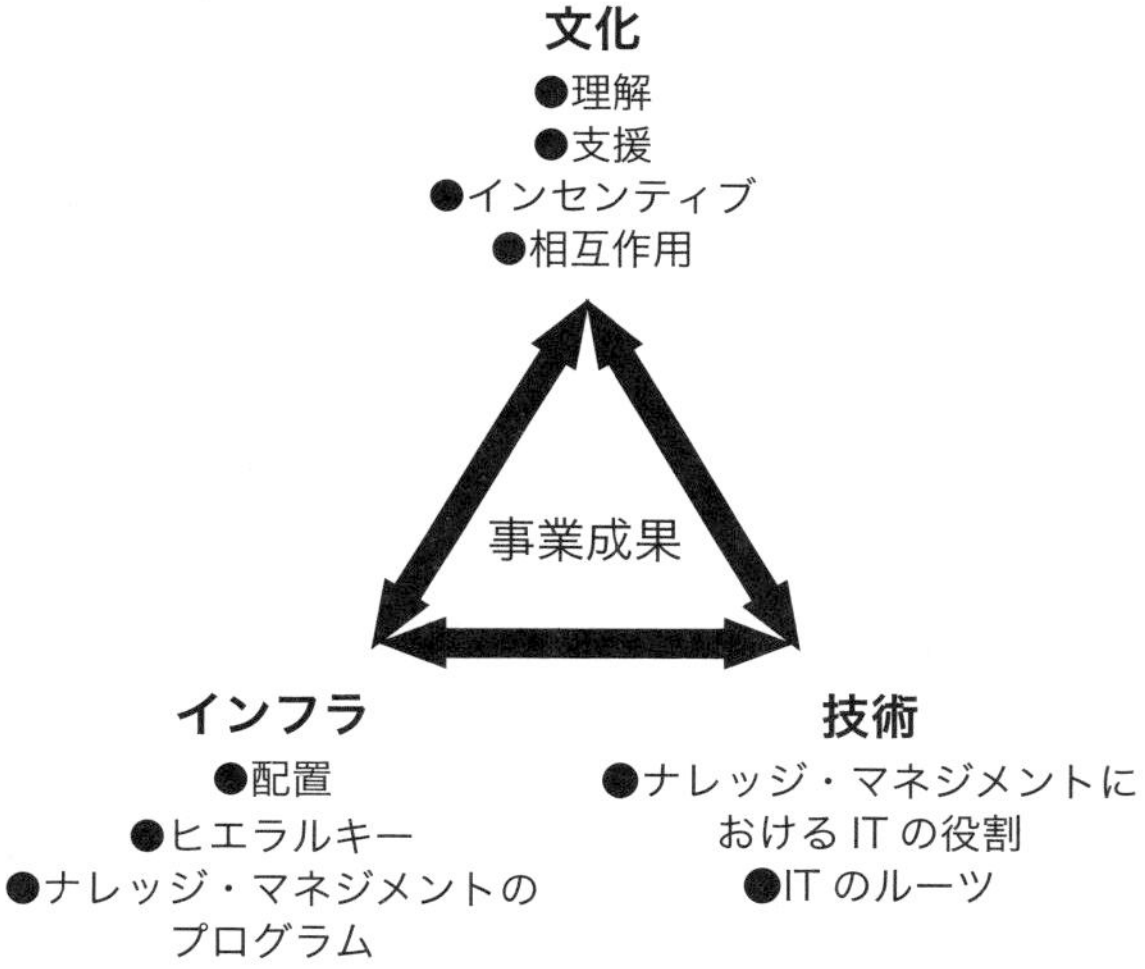

出典："Knowledge Management in Research and Development" *Reserch and Technology Management*(July/August 2001)

員に共有されている価値観や推測、組織のインセンティブ・プログラム、社員間に見られる日々の交流などが総合されたものである。その例としては、形式偏重かどうか（たとえば、社員がお互いをどう呼んでいるか、服装規定など）、同僚同士が敬意を払っているかどうか、社内の社交的催しが多いかどうかなどがあげられる。もう一つ、ナレッジ・マネジメント制度やデータ収集に非常に重要なものとして、社員が他の社員からのデータ要求に応じる割合がある。他人の頭のなかにある体系化されていない知識にアクセスできなくては、効果的なナレッジ・マネジメント制度の運営は難しい。すぐに応える文化があれば、アクセスが飛躍的に拡大する。

小規模なテクノロジー企業であるパルス・メディカル・インスツルメントの執行副社長、ラリー・ルベラスは、この点でマッキンゼー文化を懐かしむ。

「マッキンゼーには〈返事をする〉という職場の倫理があるんだ。たとえ新入りのコンサルタントだろうが、誰かが世界のどこかにいる同僚に電話をかけると、二四時間以内にコールバックがある。こういう決まりがあるから、データ収集でも全体的なガイダンスでも、大いに助かるね。うちの会社でも、この習慣を定着させようとしているけど、他の組織ではなかなかお目にかかれない」

外部の知識を活用する。知識は、社内でも外部からでも生み出される。社内の知識創造には、話し合いや文書によって社員に情報を広めることがあり、これはどのナレッジ・マネジメント戦略にも不可欠な部分である。だが、外部の知識も重要だ。すでに述べたように、マッキンゼーは社内・社外の最新の思考にいつでもアクセスできるようにするため、多額の投資をしている。すべてのプロジェクトは、社内の文書の検索と、外部の出版物や役立ちそうな業界専門家を識別することから始まる。

この点は、他の組織でも同じである。あのジャック・ウェルチも、外部の組織から最も優れたアイデアを探してきてGEに取り込むのを躊躇したりはしない。社外の専門家が、コンサルティング会社だということもある。キー・コーポレーションのリテール銀行部門の会長を務め、現在はエンプロイ・オンの社長兼CEOであるジム・ベネットはこう言っている。

「いつも、最高の人材を確保するようにしている。難しいビジネス課題を解決するには、社内でも社外でもいいから、最高の能力が必要だからね。いつも最上のリソースを探し、これまでマッキンゼーやデロイトなどを使ってきた。コンサルタントや部外者を嫌う企業には、違和感のある考え方だろう」

外部から最高のアドバイスを受けたいときは、複数の提案をしてくれて、自らの関与の機会を探し出し、活動に従事しつづけているような真の専門家を見つけることだ。最後の点は、今の時点で手に入る知識や新しく創造された知識を確実に利用するのに、特に重要である。

入力の質を管理する。 コンピューターのプログラマーのあいだでは昔から、「ゴミを入れると、ゴミしか出てこない」という警句がある。使えるナレッジ・マネジメントの体系化システムを開発するにあたって、最も大変なのは正確で新しいデータを確保することだ。一九九〇年代半ば、多くの企業がデータベース、情報源、専門家のリストから成る複雑なナレッジ・マネジメントのシステムを設立しようとした。ところが、システムが組織に価値をもたらさないことに愕然とした企業が少なくなかった。それはGEのビル・ロスも触れていたように、システムの情報が正確ではなかったか古すぎたからだ。ナレッジ・マネジメントのシステムは、その主題について直接的な知識がない人でも、入力情報を解釈できるようにすること。また、関連するキーワードや他の検索方法で、すべての資料を引き出せるようにすること。忘れないようにしたいのは、相応のインセンティブやそのための資源がないと、ナレッジ・マネジメントのシステムは「ゴミ」に成り果てることだ。

活用・実践ガイド

知識を共有する。マッキンゼーのナレッジ・マネジメントは、データベースや体系化戦略をはるかに超越したものであり、あなたのもそうあるべきだ。マッキンゼーの文化は、知識の共有が中心になっている。たとえば、すべての社員が他の社員からかかってきた電話には二四時間以内にコールバックしなければならないという不文律がある。私たち二人とも、プロジェクトの初期段階で専門家と連絡をとって正しい方向に導いてもらい、そのおかげで余計なリサーチに何日も費やさなくてすんだことがあり、その価値を実感したものだ。

話し合いを通して知識を移転することも、マッキンゼーにおけるナレッジ・マネジメントの基本だ。マッキンゼーは、知識を分かち合うことにインセンティブを提供している。たとえば、コンサルタントに他者を支援し発達させる能力があるかどうかも能力評価の対象だ。マッキンゼーでは「プラクティス・オリンピック」[註]を定期的に開催しており、そのために、あらゆるレベルのコンサルタントで編成された特別チームが力を合わせ、ふつうは仕事で扱ったばかりの分野から決められる特定のテーマについて、学んだことをまとめる。これを特別行事に仕立てあげるために、賞、ニューズレター、コンペ参加のための休み、コンペ開催地までの旅費を提供するなど、かなりの資金が注ぎ込まれている。チームはまず各地で競い、優秀さとマッキンゼーの知識への貢献度で選ばれ

註　マッキンゼーの「プラクティス」とは、コンサルタントが参加することができるさまざまな業界別・機能別研究グループのことだ。業界別研究グループには、銀行・証券・エネルギー、メディアなどがあり、機能別研究グループには情報システム、統合物流戦略、コーポレートファイナンスなどがある。

ると、オーストラリアやハワイなどに行かせてもらえる。

組織全体が参加する。ナレッジ・マネジメント文化を確立させるには、組織全体が参加する必要があり、一部がいくら努力しても無理だ。つまり、トップの支持があり、絶えずテコ入れしないとだめだということである。これは小さな会社のほうが容易にできそうだが、アクセンチュアのパートナー、ジェフ・サカグチも言っているように、大企業にとっても負けず劣らず重要なことだ。

「ここの社員の打てば響くような反応には、いつも感心させられるね。反応が速いことでは、マッキンゼーより上だよ。重要なのは、反応の速さが組織全体に行きわたっていること、首尾一貫して高率であることだ。フェデラル・エクスプレスでは、九〇%が時間通りに届いたのではだめで、九八%なら成功だと言っているが、それと同じだね」

これほど素早く反応できるようになるのは難しいかもしれないが、努力すれば、それが報われるだけの成果が確実に得られる。

練習問題

1　あなたの会社のナレッジ・マネジメントをチェックしてみよう。図3・1に示したナレッジ・マネジメントの概略図を利用して、文化、インフラ、技術の各々について、あなたの会社のパフォーマンスを分析してみよう。たとえば、よく浸透し、経営陣に支持され、全社員の利用や積極的な情報交換のためのインセンティブを備えた強力なナレッジ・マネジメント文化があるだろうか。各々について、一から五までの尺度（五が最高）で評価し、どこに改善の余地があるか考えてみよう。

2　あなたの組織でナレッジ・マネジメントを統括している人に社内メモを書いてみよう。それにはまず、誰がナレッジ・マネジメントの責任者であるかを見極める。実際に知識統括役員（ＣＫＯ）がいる場合もあるし、ＣＥＯ、ＩＴ担当役員、人事担当役員の場合もある。責任者を突き止めたら、練習問題1にある質問について、短い社内メモを書いて情報を要求する。評価や提案をするのは、返事がきてからにする。ナレッジ・マネジメントはどこの組織でも必要だし、組織の全員が理解すべきなのに、実行に時間がかかる（それに、デリケートな場合もある）。

まとめ

これで、奥の深いデータ収集の世界を一巡した。この章の狙いは、あなたがデータ収集を利用して価値を付加できるようになることだ。多くの組織では、まちがったデータを集めるのに無駄なエネルギーを費やしているし、適切なデータの裏づけがないまま決定を下すことが多すぎる。本章で、もっと効率のよいデータ収集の作業計画の立て方を学び、何か具体的に役立つ手法を習得してもらえたことを願っている。

4
分析結果を解釈する

マネジメント
- チーム
- クライアント
- あなた自身

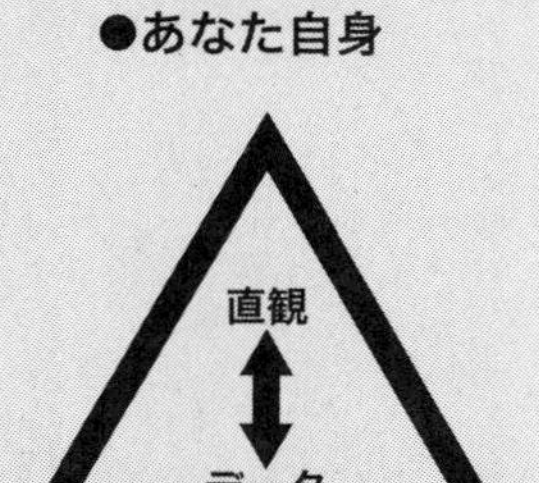

分析
- 構造の把握
- 計画
- 収集
- → 解釈

プレゼンテーション
- 構造
- 同意

ガイダンス

この本の第1～3章では、最初の仮説を立てるところから、分析の計画を経て、分析の対象となるデータの収集までを見てきた。ここまでは、マッキンゼーの問題解決プロセスのなかでも、いろいろな意味で簡単な部分だ。これからいよいよ、データをいかに解釈するかという難しい部分に入っていく。

いくら仮説を立てたといっても、まだこれから証明あるいは反証しなければならないし、データ自体は何も語ってくれない。集めた事実から組織に付加価値をもたらすような知見を引き出せるかどうかは、あなたやチーム次第だ。膨大な記憶容量の表計算ソフトや動く三次元の円グラフがいくらあっても、その分析が何をすべきだと告げていて、それが組織にとってどういう価値があるのかを誰かが考えなければ何の意味もない。

マッキンゼーのコンサルタントは、クライアントが立派な文書やスライド鑑賞に大金を支払っているのではないことは重々承知している。クライアントが求めているのは事業に付加価値をもたらすような助言であり、これこそコンサルティング、ひいてはすべてのビジネス問題解決の最終目的だ。競合するコンサルティング会社、アクセンチュアに移ったジェフ・サカグチは、以前を振り返ってこう語る。

「リサーチと分析で終わるのではなく、リサーチ、分析、それに知見を引き出さなければならない。マッキンゼーは、優れた知見を生み出すことを重視していた。特に、クライアントに強烈な影響をおよぼすような知見をね。私はアクセンチュアに移ってから、戦略コンサルタントの研修を一部変更して、うちのチームにもこの考え方を叩きこみ、コンサルタントの業績評価の一項目となるようにしたのを自慢に思っている」

この章では、マッキンゼー人がどのように分析から結論を導き出し、クライアントにとって有益な提案にまとめるのかを紹介し、あなたがこれを自分の組織で実践するにはどうすればよいかを説明する。分析の解釈は、二部に分かれている。

第一部は、データを理解するプロセス。自分の頭のなかか、またはチーム内で、データが語りかけてくるストーリーと、そのストーリーに基づいてとるべき措置をつなぎあわせていく作業だ。

第二部では、この作業によってわかったことを、外部に向けた最終結果、つまり、あなたの組織または顧客がとるべき措置にまとめていく。

1　データを理解する

いくつもの数字にあたり、何回も面接調査をしたら、事実がうずたかく積みあがっているはずだ。ここで、籾殻《もみがら》と小麦を分けなければならない。関係のない事実もどきから、仮説を実際に証明あるいは反証するデータを抜き出し、これらのデータが語っているストーリーをつなぎあわせるのである。それには、個々の分析の意味を理解できるだけでなく、ばらばらの事実から一貫性のある物語を紡ぎ出すだけの想像力が必要だ。これは必ずしも容易ではなく、歯に衣を着せないタイプのある卒業生など、「考えることに比べたら、データを集めてまとめることなど訳はない」と言っているほどだ。

データを分析するのに実際に用いるテクニックは、どういう分析をしているか、どういう会社・業種かによってちがってくる。この項では、実際の分析で具体的に説明するのではなく、どの分析を選んだ場合でも、その結果をまとめて重要な決定を下せるようにするテクニックを見ていく。

名捕手のヨギ・ベラが、「分かれ道にきたら、どちらかに進むことだ」と言ったのは有名だ。問題解決プロセスのこの時点で、あなたは道路の分岐点にさしかかっており、分析の結果によって、二つのうちどちらかの方向に進むことになる。分析によって仮説が証明された場合は、この章の次項に進んで、データが示唆している〈とるべき措置〉を見つけ出す。データが仮説の反証をあげた場合は、データに適合するように仮説を立て直さなければならない。それには、追加の分析が必要になる場合もある。では卒業生にも手伝ってもらって、分かれ道の選び方を説明することにしよう。

マッキンゼーのテクニック

マッキンゼー人は日々、次のような原則を頭においてデータ分析と取り組んでいる。

80対20の法則。 80対20の法則は、ビジネスにおける偉大な真理の一つだ。この経験則によると、研究による結果の八〇%が分析した事例の二〇%から生み出される。この法則の起源は、経済学者のビルフレート・パレートにまでさかのぼる。パレートは、母国イタリアで経済的状況を調査していたとき、人口の二〇%が土地の八〇%を所有していることに気づく。さらに、家庭菜園で作業しているとき、えんどう豆のほぼ八〇%がたった二〇%の枝から採れることを発見した。パレートは、これらをはじめとする観察に基づいて、研究の対象となっている一連の要素のうち、ほんのひとにぎりの要素が結果の大部分の源泉であるのが一般的だという結論を下した。このパレートの観察が、時とともに、80対20の法則として広まったのである。

80対20の法則はマッキンゼーよりはるか昔からあるものだが、マッキンゼーのコンサルタントは、これがないと夜も日も明けない。あなたが所属する組織を動かしている数字に目を向けた場合も、ほぼ必ず、80対20の実例が見つかる。たとえば、売上高の八〇%が顧客の二〇%によるものだったり、販売員の二〇%が売上高の八〇%を稼ぎ出していたり、あなたの時間の八〇%が仕事の二〇%に向けられていたり……。

データには、80対20の法則がいくらでも潜んでいる。コンピューターでデータ中心の分析をしているとき、数字をちょっといじってみよう。いろいろな順序に並べ替えてみることだ。80対20の法則が目にとまったら、そこに示されているビッグチャンスを探る。たとえば、売上高の八〇%を販売員の二〇%が稼ぎ出しているのであれば、その二〇%の人たちのどういうところが成功をもたらしているのか、また、残りの八〇%が追いつくにはどうすればよいのか？　残りの八〇%は、そもそも必要なのだろうか？　このように、80対20の法則にはさまざまな使いみちがある。

毎日一つチャートを作る。一日の仕事も終わりにさしかかったら、「今日学んだ最も重要な三つのことは何だろう」と自問する。退社前の三〇分ほどかけて、それを紙に書きとめる。凝ったものである必要はなく、手早く描いたチャートでも、ポイントの箇条書きでもいい。これだけのことが、思考を前進させるのに役立つのである。そのチャートを実際に使うかどうかにかかわらず、いったん描いたものは忘れない。こうしておかないと、朝ひらめいた冴えたアイデアも、終業時には忘れているというようなことになりかねない。

解決策に事実をあてはめるな。いくら素晴らしい仮説を立てたと思っていても、それを証明あるいは反証するときがきたら、事実や分析によってまちがっていると断定されるかもしれないと覚悟しよう。事実が仮説と合致しない場合、変えなければならないのは仮説のほうであって、事実ではない。

マッキンゼーでの教訓と成功例

分析を解釈するときに目指すことは二つ、早いことと正しいことだ。当然ながら、この二つの目標は両立しないことがある。あと一日かけるかどうかで答えの正否がちがってくるような場合は、もう一日とったほうがよいだろう。しかし、第2章で見たように、小数点以下三桁までの精度を一桁向上させるために、あと一週間かけるのはほとんど意味がない。マッキンゼー卒業生を調査した結果、データの解釈について次のような結論を導き出すことができた。

- 「だからどうなのだ?」と考える
- 的外れでないことを確かめる
- 分析には限界があることを忘れない

「だからどうなのだ?」と考える。 分析計画を立てるとき（第2章で説明したように）、いくら良さそうだったり面白そうなものでも、仮説を証明あるいは反証するのに何の役にも立たないような分析は排除したはずだ。ところが、どれほど優れたワークプランを立てていても、データを集め、大量の数値計算をして、面接調査の結果を解釈した時点で、たいていは再度フィルターにかけなければならなくなる。得られた結果のなかに、興味深い事実や気の利いたチャートであっても、解決策に近づくにはまったく役に立たないものがあるのが判明して行き詰まるからだ。こういった無用なものは、取り除かなければならない。

マッキンゼーでは、ある分析についてこのプロセスが必要になると、EMか、場合によっては他のチームメンバーが、「それで結局どうなんだ?」と口火を切る。その分析は何を物語っているのか、そのことがどう役立つのか、どういう提案につながるのかという意味だ。コンサルタントの仕事は見事な図表を描くことではないし、クライアントはそんなもののために大金をはたいているのではない。ジェフ・サカグチは、コンサルティングの神髄をマッキンゼーで学び、アクセンチュアでも説きつづけている。

「コンサルティングとは分析することではなく、優れた知見を示すことだ。いま終わったばかりの作業から知見を引き出せないようでは、時間の無駄というものだ。数値計算のための数値計算や、棒グラフのための棒グラフでは、何の足しにもならない。チームメンバーやクライアントに〈面白そうじゃないか〉と思わせるような、優れた知見や重要な発見をもたらすようなものでないとだめなんだ」

コンサルタントの仕事は、分析で得られた共通点のないメッセージを、クライアントの問題を解決するような知見にまとめあげることだ。それには、すべての分析が「だからどうなのだ？」という問いに動じないものであることが近道になる。

的外れでないことを確かめる。誰でもできるだけ正確でありたいのはやまやまだが、チームで作業する場合、チームリーダーにはチーム全員の分析をすべて念入りにチェックする時間はないだろう。そんなとき、チームメンバーから提示された新しい提案や知見が、少なくとも一見もっともらしいことを簡単に確かめる方法がある。これも第1章で紹介したクイック・テストと同じように、その分析がありそうだと思われることの範囲内かどうかを素早く確かめられる。そのテクニックとは、要点をしっかりと捉えた質問をいくつかしてみることだ。その問いへの答えによって、その提案が実行可能かどうか、注目に値する影響を組織におよぼすかどうかがわかるというわけだ。

具体的にどういう質問をすべきかはケースごとにちがってくるが、いくつか、卒業生から聞いた実例をあげてみよう。

「馬鹿げた提案は、〈MSアクセス〉のような簡単に使える既製のプログラムを利用すれば、即座にチェックできるんだ。たとえば、ある社員が、こんな仮説を立てたことがある。商品を倉庫に戻すやり方を、在庫の最高水準ではなく最低水準に基づいて行なうべきだというものだ。このアイデアをチェックするのにかかった時間はたった二分。四〇万ドルという予想収益のうち、四〇〇〇ドルにしかならないことが判明した。一週間かけて手順書を印刷しなおして、各店舗に送付するだけの価値はないということだ」

——ボブ・バックスボウム、ディック・ブリック・ホールディングスCEO

「よく利用するのはシナリオ分析だ。〈それが言えるのは、何がどうなったときか〉と考える。たとえば、ウェブサイトから何例くらい引き出せたら、たんなる丸めの誤差以上のものとして認められるか。答えが何万何千億というような膨大な数だったら、そんなにたくさん引き出せるわけがない。しかし、答えが五〇だったら、〈それはありうる〉ということになる。分析の背景にある仮定が意味をなさないようなものだったら、それ以上、考えることはない」

――ダン・ビート、コンセコ上級副社長

「アナリストに、いくつもの情報源にまたがる複雑な計算をさせたことがある。出してきた答えの数字を見た瞬間、完全にまちがっていると思ったね。それが正しかったら、世の中がこんなふうになっているはずがないからだ。だからデータを分析するときは、一歩さがって、高レベルの正気度チェックをしよう」

――ビル・ロス、GE

「〈今の答えがどのくらいかけ離れてきたら、結論を変えるべきか〉ということをいつも考えている。仮説のテストには力を入れていて、仮説を左右する要因をはっきりと見極めることにしている。分析のときに、こうした要因に照準を合わせるんだ。この方法で、わが社の買収戦略は根本的に改善したよ。最近の買収結果がそれを雄弁に物語っている」

——ロン・オハンリー、メロン・インスティテューショナル・アセット・マネジメント社長

的外れでないことを確かめる方法には、これがベストだというものがない。とはいえ、プレゼンテーションの準備をする前に、自分が手がけた分析について要点をとらえた質問をしてみれば、とんでもないことになるのを防げるはずだ。

分析には限界があることを忘れない。 分析はマッキンゼーの問題解決プロセスに不可欠なものだが、結局のところ、できることは限られている。分析が答えを教えてくれるわけではなく、誰かが結論を出さなければならないからだ。私たちのコンサルティング・モデルにも、いよいよデータに代わって直観がリードするときがきた。目の前はヨギ・ベラの言う分かれ道なので、どれかを選んで前進しなければならない。

分析に限界があるとはいえ、なしですませるわけにはいかない。ある卒業生が言っていた「心理に狙いを定めて、構え！　撃て！」というようなアプローチは要注意だ。直観が発達していて優れた意思決定ができる人の場合でも、しっかりした分析は解決策を支え、組織全体に伝わるのを後押しする。ビル・ロスはこう語る。

「経営幹部が頭の切れるビジネスリーダーの場合、まわりに説明もしないで、自分の

頭のなかだけで問題解決プロセスを終えてしまいがちなんだ。ところが彼らの思考を確認してみると、選択肢を見落としていることが少なくない。それに、幹部だけが前に進む準備ができていてもだめで、組織全体がそれについて行くようにすることが重要だ。思考プロセスの一部を文書にして伝えないと、組織が丸ごと前進することはできない。強引に引っ張っていくなら話は別だけど。無理強いは長つづきしないからね。そんなことをしていたら、部下が指示待ち人間になるだけだ」

なかには、直観とデータは陰と陽といった正反対のものだと思っている人がいるが、実際には協力し合っている。さらに、陰陽のように、もう一方がないと成り立たない。直観のないデータは生の情報にすぎず、データのない直観は当て推量でしかない。だが、両方を合わせると、健全な意思決定の基盤となる。

活用・実践ガイド

事実が仮説と矛盾するときは、仮説を変える。問題解決プロセスのこの段階では、事実が物語っていることを見分ける必要がある。経済学者のケインズは、以前の主張と矛盾していると非難されたのを受けて、「事実が変われば、私は考えを変える。あなたたならどうしますか」と応じたものだ。これをマッキンゼーの問題解決プロセスの状況で言うと、事実が仮説と矛盾するときは、事実を隠したりしないで、仮説を変えなければならないということだ。この点は、いくら強調してもしすぎるということがない。長時間かけて努力を重ねて素晴らしい仮説を立てたと思っている場合、それに執着するあまり、自分がまちがっているかもしれないと思いたくなくなるからだ。

マッキンゼーは、この点についていくつか教訓を提供している。

「解決策に事実をあてはめるな」

「自分のアイデアを引っ込める覚悟をしておく」（ブレーンストーミングに関連して述べたことだが、データ分析にもあてはまる）

「正直に〈わからない〉と言う」

マッキンゼーについて言えたことは、他の組織でも同じように通用する。作業は繰り返しのループのようになっていて、仮説から分析計画、リサーチ、解釈へとつながっており、必要であれば仮説に戻ってくる。仮説が修正され、最終的に証明されて初めて、最終結果——クライアントに提示するアドバイス——をまとめる準備が整うのである。

80対20の法則を活用する。マッキンゼー卒業生に、データの理解を助けるものとして何を利用しているのか尋ねたところ、ほぼ全員が80対20の法則をあげた。この章ですでに説明した通り、80対20の法則はさまざまな形で現われる。もう少し例をあげてみよう。米国では、二〇％の国民が所得税全体の八〇％を支払っている。学校では、教師の時間の八〇％が二〇％の生徒に向けられている。あなただって、着るものの八〇％を手持ちの衣服の二〇％から選んでいるかもしれない。このように、あげていくときりがない。この法則は必ずしも80対20でなくてもよく、75対25のこともあれば、90対10のこともある。もちろん、例外なく利用できるわけではないが、これだけひんぱんに見られるので、予測するときのツールとして役立つ。

マッキンゼーでは、80対20の法則は主にデータについて用いられ、その範囲ではまったくかけがえのないものだ。数値データに80対20の法則を応用すれば、「だからどうなのだ？」のテストに合格するような知見をいくらでも引き出すことができる。先ほどの例に戻ると、販売員の二〇％が売上高の八〇％を稼ぎ出していると判明したら、なぜそうなのか、残りの販売員をトップのレベルにまで引きあげるにはどうすればよいのか考える。80対20の法則は、優れた知見に直接導いてくれるとはかぎらない。むしろ、新たな質問や分析をうながし、あなたがストーリーをまとめるのを後押ししてくれるものだ。

さらに、80対20の法則はデータ以外にもおよぶ。どういうストーリーにするか決めるときも、便利なツールとなる。結局のところ、提案の八〇％は分析の二〇％から生み出される。だから、優先順位をつけることだ。どの提案がクライアントにとって最大の価値を生み出すか考えて、それらに集中する。一度に何もかもできないことを忘れないようにして、まず、大きな勝利をもたらすものに的を絞ろう。

練習問題

1　あなたか他の誰かが行った最後の分析プロジェクトを思い出してみよう。そのプレゼンテーションの各々の証拠は、「だからどうなのだ？」の基準を満たしていただろうか。プレゼンテーション文書に目を通し、少なくとも一〇件の証拠について「だからどうなのだ？」という点を書き出してみよう。

2　あなたの仕事を80対20方式で分析してみよう。あなたは、時間のほとんどを何に費やしているだろう。あなたのどの活動が組織に最大の利益を生み出しているか（正直に！）。どの活動があなたにとって最大の利益を生み出しているか。最大の利益を生み出すことにもっと時間をかけて、最小の利益しか生み出さないことに今より時間をかけないようにするには、どうすればよいか。

3　あなたの会社を80対20方式で分析してみよう。あなたの事業部や課に、80対20の法則の例があるだろうか。どの製品・サービスが利益の大半をあげているか。どれが費用の大半を占めているか。その他にも、80対20の法則の例を見つけられるだろうか。

2　最終結果を生み出す

ここまでは、問題解決プロセスの内部要素だけを取りあげてきた。仮説の立案、ワークプラン作り、リサーチの実施、結果の解釈――これらはすべて、あなたのオフィスかチーム室のなかで起こることだ。面接調査をしなくても全部のデータを入手できる場合、理屈のうえでは、まずまずのインターネット接続回線があれば（調査のための便宜もあればさらによいが）、自分のオフィスから一歩も出なくても、これらすべての過程を終わらせることができる。

だが、いよいよ、あなたとクライアントの接点である最終結果の段になった。「最終結果」といっても、解決策をクライアントに伝えるのに用いるチャート、スライド、コンピューター画像、その他の小道具を集めたものを指しているのではない。これらは第5章の「最終結果をプレゼンテーションする」で取りあげる。ここでいう最終結果とは、伝えるメッセージの中身のことだ。これは微妙だが重要な区別である。データを解釈することによってできるのがストーリー、つまり、あなたがデータの意味をどうとらえているかを示したものである。ストーリーのうち、クライアントが結論を理解するのに知っている必要があると思われる部分と、その裏づけとなる証拠を選び、まとめて最終結果に盛り込む。最後に、その最終結果をプレゼンテーションによって伝える。マーシャル・マクルーハンが何と言ったかはともかくとして、[註]メッセージと伝達手段は別のものだ。

この項では、ストーリーから解決策に進む方法を説明しよう。

マッキンゼーのテクニック

この項に関連するマッキンゼーの原則は、解決策がクライアントに合ったものでなければならないというものだ。

註　カナダのコミュニケーション理論家であったマクルーハンは、「メディアはメッセージだ」と言ったことで有名。

クライアントに合った解決策を提案する。 経営は、政治と同じく、可能性模索術である。山ほどのデータにバックアップされ、何十億ドルもの利益増を約束するような最高に素晴らしい解決策といえども、クライアントや会社が実行できなければ、まったくの無駄骨に終わってしまう。それを避けるには、クライアントをよく知ることだ。会社の強み、弱点、能力、さらには経営陣に何ができて、何ができないかを探る。こういった要素を念頭において、それに合わせて解決策を考えていく。

マッキンゼーでの教訓と成功例

マッキンゼーのコンサルタントが退社して他の組織に移り、組織内の人間という立場で最終結果を生み出そうとすると、外部のコンサルタントであったときより難しいことに気づくことが少なくない。マッキンゼー卒業生が示してくれた教訓にはこの点が反映されており、解決策がクライアントに合うようにするためのアイデアが展開されている。

- クライアントの眼を通して見る
- クライアントの能力の限界を考慮する

クライアントの眼を通して見る。マッキンゼーのコンサルタントが自分の組織について語るとき、それが新人コンサルタントを採用する場でも、クライアントを獲得するための「美人行進」を行なっているときでも、誰かの口から「CEOフォーカス」（あるいは、「経営者フォーカス」）という言葉が飛び出してくる。CEOフォーカスとは、「キー・ドライバーを見つける」の外部版といったところだ。つまり、**あなた**の眼に映った、組織の優先事項の上位五つほどを指している。それを見つけようとすれば、クライアントが最も必要としていることに考えを集中せざるをえない。たとえその一部があなたの仕事に直接関わってこないとしても、クライアントの眼を通して見る第一歩となる。アクセンチュアのジェフ・サカグチはこう説明する。

「それが目下の仕事とはまったく関係なくても、頭に入れておくべきだね。そうすれば、クライアントが取り組んでいることや、取り組まなければならないことに敏感になれるんだ。私がCEOのすべきことについてしっかりした考えを持っていたら、そのうち向こうから私の考え方に近づいてくる。たとえ、現在のCEOがしていることと、ちがっていてもね。実際、そういうケースがよくあった」

組織におけるあなたの地位や権力、さらに企業文化によっては、誰か他の人（本当の

CEOかもしれない〉が考えたCEOフォーカスに依存しなければならないこともある。それでもやはり、提案をまとめるときは、真価を試すものとしてCEOフォーカスを実践してもらいたい。

次のステップは、あなたの決定がどのようにクライアントや組織に付加価値をもたらすかを考えることだ。提案する各々の措置は、どの程度の利益を生み出すのだろう。必要となる時間、エネルギー、資源を正当化するだけの利益を生み出せるだろうか。それは、あなたが行なう他の提案と比べてどうだろう。もし、他の提案より成果がかなり小さいようだったら、もっと大きなプロジェクトのほうを優先させるべきだ。キー・コーポレーションのリテール銀行部門の会長として、ジム・ベネットは連日、こうした決断を下さなければならなかった。

「私にとっての規準はこうだ。〈この決定が、本当に業績に結びつくのか〉。よその会社でもそうだろうが、これまで、うちの決定も業績志向やアウトプット志向ではなく、たいていインプット志向でやってきた。この考え方を変えようとして株式公開に踏み切ったんだ。〈これだけの収益増を目指します〉と約束するわけだから、その目標を達成できるようなプロジェクトを考えざるをえなくなる。業績を根本的に改善し、それを長続きさせようと思うと、プロジェクトに対して80対20的な攻撃的見方をするようになる。そこで考慮されるべきは、〈この予想収益に近づくためにこれだけの資源を投じたら、業績目標の達成にどう影響するか〉という点だ。

たとえば、部下がデータウェアハウスのプロジェクトを持ってきたことがある。必要な投資額は八〇〇万ドルで、内部収益率は高いが、投資の回収には二～三年かかる。そこで、こう言った。〈支出額の少なくとも一〇倍のインパクトがなければ、取締役会には出せない。もう一度よく考えて、投資額の一〇倍以上の収益を生み出す方法を見つけることだ〉。すべてが、業績目標の達成にどのくらい貢献できるかで判断される」

ときに、自分の分析の見事さやあざやかさ、あるいは努力したということ自体に囚われてしまうことがある。それらに惑わされないようにしよう。ケネディ元大統領の言葉をもじるなら、「その分析が、あなたにとって何を意味するかではなく、クライアントに何をもたらすかを考えよう」。

クライアントの能力の限界を考慮する。 いくら世界に類を見ない素晴らしい戦略でも、組織に実行する力がなかったら何の助けにもならない。これはビジネスだけでなく、戦略を必要とするすべての世界にあてはまる。フットボールでチームに攻撃力がなかったら、ボールを中央に持っていこうとすることは意味がない。第二次世界大戦で、ドイツ軍は両面戦争を維持できなかった。米国の政治では、連邦議会の過半数を確保できなければ、立法化に動いたりしない（マッキンゼー卒業生のシルビア・マシューズが連邦政府行政管理予算局での経験から学んだように）。

したがって、最終結果をまとめるときは、提案がクライアントにとって実行可能かどうかをつねに考える。クライアントには、必要なことを実施するだけのスキル、システム、組織、人材があるだろうか。競争相手、部品供給業者、顧客、規制といった外部の力によって、戦略の効果が無に帰すような動きは出てこないだろうか…。最初に分析を正しく計画していれば、提案をする前に、こうした問いに答えられるはずだ。

偉大なる戦略とはレベルのちがう話だが、あなたの分析や提案が組織全体に理解されるものかどうかという点も考えなければならない。この問題は、第5章でメッセージのパッケージ方法を説明するときに取りあげるが、分析そのものも、だいたいにおいて部外者に理解できるものでなければならない。その最大の理由は、分析が最終的に決定・実行する人たちに理解されなければ、彼らの支持を得にくいからだ。ポール・ケニーは、この原則をグラクソ・スミスクラインで発見した。

「病気を分析するのに使うモデルには、複雑すぎるものが多い。数メガバイトで何百ページもあったり、いくつものエクセルのワークシートを連動させたものだったり…。

私が引き継いだもののなかには、すごいのがあった。二メガバイトのモデルが別のモデルにリンクし、それがまた別のモデルにリンクしていて、その一つを見ても、どうすれば前に進めるのかまったく見当もつかないんだ。私がモデルを構築するときは、単純で、焦点を絞り、簡潔なものにするというマッキンゼーで学んだ原則に必ずしたがっている。だから、私のモデルはふつう一ページだし、できるだけ単純で透明なものにしているので、見る側は細部に惑わされることもなく仕組みが一望できるんだ。細かいことを省いても、失うものはあまりない。それどころか、キー・ドライバーに集中できて、何が起こっているのかよくわかる」

簡潔にすることについては、第5章でさらに説明する。ここではただ、あなたが手がけている分析がたとえギガバイト級のモデルや複雑な数学を必要とするものであっても、その分析の結果は、教育のある部外者が理解できる程度に単純化するようにとだけ言っておく。

活用・実践ガイド

すべてを話してはいけない。この項の初めに、すべての事実（分析の結果のこと）が揃ったら、事実の全部ではなく一部を使ってストーリーをまとめあげると述べた。なぜ、すべてを話してはいけないのか、また、あるものを全部使ってはいけないのか。その理由を説明するのに、ビジネスとは関係のないアーサー王と円卓の騎士たちの話に例をとることにする。

アーサー王と騎士たちの話は、全部ないし大部分が伝説かもしれないが、彼らについては「事実」がふんだんにある。少し探せば、ウェールズ、イングランド、フランス、ドイツ、イタリアなどから、西暦一〇〇〇年かそれ以前にさかのぼる資料を見つけることができる。何世紀にもわたり、著述家や物語作家はこれらの資料をさまざまにつなぎ合わせてきた。作品としては、マロリーの『アーサー王の死』、T・H・ホワイトの『かつての国王で将来の国王』、ミュージカル『キャメロット』、映画版には、ジョン・ブアマン監督の『エクスカリバー』からディズニーの『王様の剣』まで多彩を極めている。しかし、これらの非常に異なる最終結果はすべて同じ「事実」に由来している（ビデオで『エクスカリバー』と『モンティ・パイソン・アンド・ホーリー・グレイル』をつづけて見てみれば、どれほどの差違があるかがわかる）。

それぞれの作家にとって、語りたいストーリーや語る対象はちがっているが、それでもあるレベルでは同じストーリーだ。クライアントのために事実を一貫性のあるストーリーにまとめるときも、目指しているのは作家が自分なりのアーサー王物語を書くときと同じで、伝えたいことを理解してもらいたいということだ。だが、あなたは物語作家や映画監督とはちがい、知的に正直でなければならない。作家は、自分の描きたいようにアーサー王を描くことができる。その結果、アーサー王は血に染まった征服者だったり（『エクスカリバー』）、気高くも不運な王だったり（『アーサー王の死』）、無邪気な少年だったり（『王様の剣』）、非常に愚かな男だったりする（『モンティ・パイソン・アンド・ホーリー・グレイル』）。コンサルタントや社員には、そういう自由はない（もっとも、モンティ・パイソンから抜き書きしたような事業計画はあとを絶たないが）。クライアントに最大の付加価値をもたらすような提案を生み出さなければならない。

クライアントが変化を起こすのを手伝う。問題解決プロセスの目標は、素晴らしいアイデアを思いつくことだけではない。マッキンゼーのコンサルタントにファームのしていることは何かと尋ねたら、「クライアントが変化を起こすのを手伝う」という答えが大勢から返ってくるはずだ。「クライアントのために素晴らしいアイデアを考える」とは言わない。このうえなく優れたアイデアや巧妙な戦略でも、クライアントに受け入れられないで実行されなかったら何の価値もないことを知っているからだ。受け入れられるようにするには、人を動かさずにはおかないような物語にまとめあげることで、それにはストーリーの進行に役立たない事実を省かなければならない。注意してもらいたいのは、これが仮説に反する証拠を無視するという意味ではないことだ。仮説はそれまでに事実と合致するように調整されているはずである。要するに、ありったけの事実をストーリーに盛り込まないということだ。そんなことをしたら、聞く側が関係のない細部に気をとられ、ストーリーが伝わりにくくなってしまう。

練習問題

1　年次報告書（できればあなたの会社の）を見てみよう。年次報告書にある情報に基づいて、会社の株を買うのが良い投資かどうか判断する。その理由を五つ、重要な順にあげてみよう。

2　あなたが属している組織について、ＣＥＯが照準を合わせるべき五〜六つの問題点は何か考えてみよう。あなたの仕事はこれらの問題点にどう影響するか、また、もっとインパクトをあたえるにはどうすればよいか。

3　あなたが属している組織の強みと限界をリストにして、それらをＭＥＣＥに類別してみよう。組織の最近のプロジェクトが、こうした強みや限界に合っていたかどうか考えてみよう。どうすれば、将来のプロジェクトがこれらにもっと合うようになるだろう。

まとめ

データの解釈には二つの構成要素があることを見てきた。内部的には、事実をつなぎ合わせて、提案に導いてくれるような筋の通った概念にすること。外部的には、事実を最終結果にまとめて、クライアントに提案を伝えるのに用いることだ。これで、問題解決プロセスを初めから終わりまで見たことになる。私たちのアドバイスを取り入れてもらえれば、仕事上の意思決定の質やスピードを向上させられると確信している。だが、仕事はまだ終わっていない。いよいよ、あなたの考えを組織内の意思決定者、あるいは場合によっては組織全体に伝えなければならないからだ。そのためには、次章のプレゼンテーション戦略が欠かせない。

5
最終結果をプレゼンテーションする

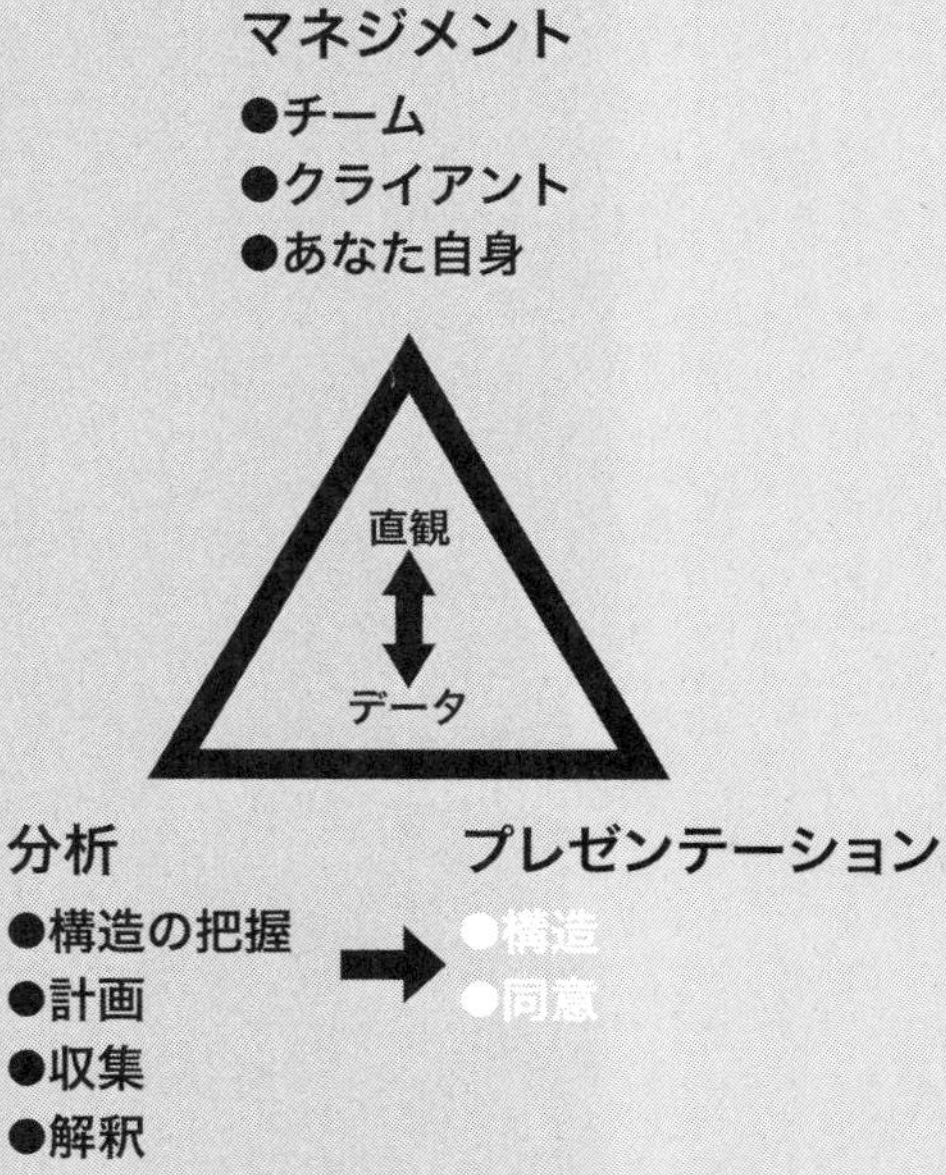

ガイダンス

マッキンゼーの問題解決プロセスも、ついに結果を発表するという最終段階に至った。精根を傾けた仮説の立案、ワークプラン作り、リサーチ、分析の数々…。やっとここまでこぎつけたのに、この段階でミスをすると、これまでの努力が水泡に帰してしまう。ビジネス・アイデアとしては優れていたのに、効果的なプレゼンテーションができなかったために立ち枯れになったものを積みあげたら、きっとエンパイアステート・ビルより高くなるだろう。この章では、あなたのアイデアがその山の一部とならないようにするテクニックを説明したい。

ビジネスの世界で人びとが抱いているマッキンゼーの典型的なイメージというと、ダークスーツのビジネスマンが会議室に勢ぞろいして正式のプレゼンテーションを行なっている場面ではないか。このイメージは、現在のビジネス界ではますます過去のものとなっていて、マッキンゼーが正式のプレゼンテーションをすることは一〇年前と比べて激減している。とはいえ、クライアントに考えを伝えるのに、マッキンゼーのコンサルタントが何らかの形のプレゼンテーションを利用していることには変わりがない。そのためにマッキンゼーでは、コンサルタントが用いる極めて効果的なプレゼンテーションとコミュニケーションのスキルを開発してきた。

卒業生の経験では、こうしたスキルは、マッキンゼーで学んだ他のどれよりも、ほとんど手を加えずにそのまま他の組織で使える。卒業生たちは、マッキンゼーのスキルを活用して自分の考えを伝え、受諾されているという。マッキンゼー式のプレゼンテーションがあまりにもうまくいくため、ある卒業生などは不公平なくらいの利点だと言っているほどだ。こうした利点は、あなたも手に入れられる。

この章では、マッキンゼー式プレゼンテーションを二つの面から検討していく。まず、出席者に最大のインパクトをあたえるには、プレゼンテーションをどのように組み立てればよいかを説明する。次に、提案が出席者に受け入れられるのを促すテクニックについて詳しく述べる。

1　プレゼンテーションの構造

マッキンゼーは、コンサルタントがプレゼンテーションを組み立てられるように長時間の研修を受けさせており、近くに良いゴルフコースがあるような場所で実施されることが多いとはいえ、研修のときは誰もが真剣だ。マッキンゼーのコンサルタントは、自分の考えを出席者に〈なるほど！〉と思わせるように明確に伝えるのがプレゼンテーションだと叩き込まれる。この目標を達成するようなプレゼンテーションにするには、出席者の頭にすっと入って、楽についてこられるような構造（ストラクチャー）を持たせることだ。

この項では、最大の効果をあげられるプレゼンテーションの組み立て方を説明する。伝えたいことを出席者が理解できるような論理の流れにしたがって配列するにはどうするか、さらに、メッセージを伝えるのにチャートをどう使えばよいかを見ていく。

マッキンゼーのテクニック

プレゼンテーションの構造に関して、マッキンゼーが重視するのは構成と簡潔さである。

誰にでもわかる道順を示す。プレゼンテーションを成功させるには、はっきりしたわかりやすい道順を示して、出席者があなたの論理について行けるようにすることだ。プレゼンテーションには、あなたの思考プロセスが現われる。思考が明確で論理的であれば、プレゼンテーションもそうなる。逆に、思考が整理されていないと、しっかりした構造に組み立てるのに苦労するだろう。

エレベーター・テスト。言いたいことを短時間で述べなければならないことがある。自分が考えた解決策（あるいは製品でも事業でも）を熟知し、エレベーターに乗っている三〇秒間に明確かつ正確にクライアントに説明できるようにしよう。この「エレベーター・テスト」に合格できれば、その解決策を売り込めるだけ自分の仕事を理解しているということだ。

簡潔に――一つのチャートに一つのメッセージ。チャートは、複雑になればなるほど情報を伝える効率が下がるものだ。チャートの意味は見る人に直ちに理解されなければならないので、一目瞭然であるように工夫する。一つのチャートで複数のポイントを示したいときは、それぞれのポイント用にチャートを用意し、チャートごとに当該の情報を際立たせる。

チャートはメッセージを伝える手段であり、芸術作品のように思わないこと。マッキンゼーはグラフィックスに関しては保守的すぎるほどで、プレゼンテーションではカラーや三次元のグラフィックスはあまり見かけない。チャートで示しているポイントを伝えるのに必要なときだけ使っている。

マッキンゼーでの教訓と成功例

マッキンゼーの問題解決プロセスに用いられるスキルのうち、プレゼンテーションの組み立ては、外の組織で利用するときに最も調節を必要としないものだ。効果的なコミュニケーションは場所が変わっても通じるものだし、マッキンゼーの方式は極めて効果的だからである。エバーコア・パートナーズのベンチャー・キャピタリスト、キャラ・バーナムはこう語る。

「マッキンゼーの仕事では、文書でコミュニケートするのをすごく鍛えられるんですよ。だってマッキンゼーの問題解決プロセスだと、誰でも個々の問題点やその意味について論理的で　明確にならざるをえないもの。それに、これは分析が完全かどうかをチェックするのにも役に立ちます。私がプレゼンテーションを書けなくて困ったなと思うときは、たいてい論理や分析が完璧に明確じゃないからです」

このテクニックがいかに強力であるかを考えると、プレゼンテーションの構造に関する卒業生のコメントが一つの教訓に集中しているのは不思議ではない。それは、〈思考をしっかりした構造で支える〉というものだ。

思考をしっかりした構造で支える。プレゼンテーションの本質は、売り込むことにある。いくら自分たちがアイデアの秀逸さや成しとげた仕事の質に満足していても、クライアント、同僚、組織がどう思うかはわからない。まず彼らを説得しなければならないので、それにはプレゼンテーションという手段がいちばんだ。プレゼンテーションは大切なので、くれぐれもミスをしないように。「生煮えのアイデアを素晴らしいプレゼンテーションにまとめあげて飛び立たせたことがあるかと思えば、アイデアは素晴らしかったのにプレゼンテーションがまずくて消滅させたこともある」と語るのは、クリーブランド支社の元ディレクターで、有名ブランド消費財メーカーのCEOを務め、現在はフクワ・スクール・オブ・ビジネスの教授であるボブ・ガルダだ。

マッキンゼー卒業生の経験が平均的だとすれば、残念なことに現在のビジネス界では、空高く飛び立つより、消滅するアイデアのほうが多い。卒業生には、転職先の組織でプレゼンテーションの劣悪さにショックを受けた人が少なくない。ここに典型例をいくつかあげてみよう（迷惑がかからないように匿名にしておく）。

「うちの経営幹部がお互い同士や顧客相手にしているプレゼンテーションときたら、まったく目を覆いたくなるような代物だ。言いたいことをどう組み立てればよいかわかっていない。彼らのプレゼンテーションは、ただの意識の流れにすぎない。マッキンゼーを辞めて、いちばん驚かされたのがこの落差だ」

——ヘルスケア業界へ転職した、ある卒業生

「この会社のプレゼンテーションのお粗末なことには、いつも呆れてしまう。〈パワーポイント〉のスライドに、言葉やアウトラインが書いてあるだけ。みんな、それがプレゼンテーションだと思っている。要点の箇条書きだけで、チャートや概略図といった図表で示すものがないのなら、ミーティングの前に配るメモに書けばいいと思う。アウトラインをいっしょに読むだけ、というミーティングがしょっちゅうある。チャートはぜんぜん使わない。幼稚園レベルだね」

「ポイントを明らかにするのに、いつも何時間もかかる経営幹部と働いたことがある。スライドなんて、自分はこれだけいろいろなことを知ってる、と言いたくて見せているような感じだった。プレゼンテーションのあいだ、取締役会の面々が動揺するのがはっきりと見て取れたものだ。この習慣を止めさせるのに二年もかかった」

——金融機関へ転職した、ある卒業生

——小売業界へ転職した、ある卒業生

卒業生たちが失望するのも無理はない。よいアイデアでも、プレゼンテーションがまずかったら、出席者はなかなか理解できないものだ。だが、それより多いのは、アイデアをしっかりと考え抜いていないせいで、プレゼンテーションがうまく組み立てられないケースである。一貫性のない思考を首尾一貫した構造にまとめるのは容易なことではない。

逆に、よいアイデアに、よく練られたプレゼンテーションを用いれば、強力に変化を押し進めることができる。組織全体にとるべき道を伝えることが、促進剤となるからだ。ボブ・ガルダが、有名ブランド消費財メーカーのＣＥＯに就任したときの経験が、まさにそれだった。

「筋の通ったプレゼンテーションは、一つのテーマからサブテーマがいくつか現われてくるようになっているものだが、そういうのを組み立てられる人はあまりいない。CEOに就任したとき、その会社には、どういう組織で、将来はどうなりたいのかという明確なビジョンがなかった。真っ先に取り組むべきことの一つは、ビジョンだと思ったね。たまたま自分の考えを体系的に示すのが得意だったし、このテーマについてプレゼンテーションをまとめることができたのが非常に役に立った」

思考を論理的な流れを持った構造で示すという能力が、マッキンゼーが自ら宣言している「変化を起こすのを手伝う」能力の背後にあるものだ。マッキンゼーのコンサルタントは、優れたアイデアを思いつくだけでなく、そのインパクトを余すところなくクライアントに伝えられる。このスキルは、他の組織でも非常にうまくいく。ピアソンPLCのバーチャル・ユニバーシティ・エンタープライジズの経営幹部、S・ニール・クロッカーはこう指摘している。

「強力な論理に支えられた強力なコミュニケーション・スキルがあれば、鬼に金棒といったところだ。これまで一度も、自分が本当に欲しいと思ったものをCEOや取締役会に拒否されたことがない。プレゼンテーションは、われわれが現実の世界に持ち込める〈怖いものなしのスキル〉だ。これは不公平とも言えるくらい有利な点だ」

なにもマッキンゼーで働かなくても、効果的なプレゼンテーションのまとめ方を学ぶことはできる。事実、マッキンゼー卒業生の一部は、自分の組織でこうしたスキルを教えている。私たちも、この項が終わるまでにプレゼンテーションの構造について十分に説明するつもりなので、あなたの組織でもすぐに実践してもらいたい。

活用・実践ガイド

プレゼンテーションもMECEで。プレゼンテーションがうまくいくと、行なう側と聞く側のすきまが埋められる。こちらの知識が相手の知識となるからだ。このプロセスは、プレゼンテーションに明確で論理的な構造がともなっていれば、聞く側にとって容易になる。あなたが、本書で示している原則にしたがってきたなら、こうした構造の確固たる基盤となるものをもう手に入れている。そう、最初に立てた仮説である。

自分が立てた仮説を、MECEな問題点および細分した問題点に分ける（場合によっては、分析の結果に合わせて修正する）。これでプレゼンテーションにすぐ使えるアウトラインができたことになる。構造のしっかりしたMECEな仮説を立てていれば、構造のしっ

表 5-1　USA社のプレゼンテーション：最初のスライド

USA社は、時間を短縮できる新しい処理プロセスによって、スラム・マットの限界費用を減らすことができる ●新しいプロセスは節約になる ●新しいプロセスを実施するリソースが社内にある ●スラム・マットの品質を維持しつつ、新しいプロセスを利用できる。

かりしたMECEなプレゼンテーションができる。逆に、プレゼンテーションが意味をなさないときは、仮説の論理を考え直したほうがよいかもしれない。マッキンゼー卒業生の多くは、これが思考をチェックするのに役立つと言っている。たんにさまざまなポイントを証明する証拠をまとめて、イシューツリーの適切な場所にあてはめていけばよい。

例として、第1章にあったUSA社のイシューツリーに戻ることにしよう（六八ページ、**図1・2**）。あなたのチームが立てた仮説は、USA社は時間を短縮できる新しい処理プロセスを採用することにより、スラム・マットの限界費用を減らすことができるというものだった。分析によって、新しいプロセスのほうが安あがりであること、USA社が新しいプロセスに対応するのに必要な変更を実施できること、新しいプロセスがUSA社のスラム・マットの品質を損なわないことが証明された。それを最初のスライドで伝えよう（**表5・1**）。このスライドによって、出席者にプレゼンテーションの構造を示したことになる。出席者は、あなたがどこへ向かってい

表5-2　USA社のプレゼンテーション：第2セクションのリード

社内に新しいプロセスを実施するリソースがある ●新しいプロセスに対応する設備が社内にある ●社員が新しいプロセスの操作に必要なスキルを持っている

るのかがわかり、話について行きやすくなる。

それにつづくプレゼンテーションは、すべて最初のスライドから展開されていく。仮説にはいくつか主要なポイントがあったが、ポイントごとにプレゼンテーションのセクションを一つ設ける。そして、それぞれのセクションに、主要問題点から派生するさまざまなレベルの細分された問題点を示していく。たとえば、二つめの主要問題点を見てみよう。第1章で検討した、「USA社は新しいプロセスに対応するのに必要な変更を実施することができる」というものだ。あのとき、さまざまな細分された問題点が出てきたが、それらがプレゼンテーションの第二セクションの主要ポイント「必要な設備やスキルが社内にある」となる（**表5・2**）。このようにして、この手順をイシューツリーの終わりまで繰り返すこともできるが、出席者によってはあまり細かいところにまで深入りしなくてよい。詳細を示すのをどのレベルで止めても、プレゼンテーションの論理の明確さには変わりがない。

結論から始める。この構造には、通常と異なる点があると思われたのではないだろうか。このUSA社のケースでは、スラム・マットの生産プロセスを変更する、と真っ先に言ったように、私たちが勧めるのは結論から始めることだ。プレゼンテーションには、これとは逆に、あらゆるデータを延々と示してからいきなり結論に達するというアプローチをとるものが多い。いったいどうなるのかと聞き手をはらはらさせたいときなど、状況によってはこういうアプローチが適していることも確かにある。だが、特にデータの多いプレゼンテーションの場合、結論に達する前に聞き手がついて行けなくなってしまうことがあまりにも多い。その点、結論から始めていれば、聞いている側は、「この話は、いったいどこに向かっているのだろう」と考えなくてすむ。

結論や提案を先に提示することは、帰納法《きのう》と呼ばれている。帰納法を簡単に言ってしまうと、「Xだと思う。その理由はA、B、Cだ」ということだ。これと対照的なのが演繹法《えんえき》で、「Aは正しく、Bが正しく、Cも正しいので、したがってXだと思う」という形をとる。この極めて単純化した抽象的な例で見ても、帰納法のほうが話の核心に至るのがずっと早く、読むのに時間がかからず、はるかに迫力がある。マッキンゼーがコミュニケーションに帰納法を用いるのを好むのは、そのためだ。メロン・アセット・マネジメントのロン・オハンリーはこう語る。

「口頭でも文書でも、コミュニケーションには必ず、まず最初に結論を言うようにしている。そうすれば、賛成ではないにしても、みんなが〈同じページを見ている〉状況になるし、主張を裏づけるデータや議論の背景ができる。それに、このほうが自分の議論を整理するのに効率的だし、効果的だ」

さらに利点がもう一つ。結論から始めると、プレゼンテーションのときにどこまで詳しく説明するかが自由に決められる。たとえば、上司のオフィスで一対一で提案を説明している場面を想像してみよう。伝えたい主なポイントは三つある。ここで仮に、上司が二つめのポイントをすでに受け入れ、さまざまなデータを駆使して説得する必要がないとしよう。もし、プレゼンテーションを演繹法で組み立てていたら、そのポイントを裏づけるデータをすべて示してから、やっと結論を知らせるという手順になる。上司はすでに、そのポイントに同意しているにもかかわらず、である。なんという時間の無駄だろう。だが、帰納的アプローチをとっていたら、初めのところで上司があなたの示したポイントに同意して、一件落着である。残りの時間は他のポイントを説明するのに使ってもいいし、ミーティングを早く切りあげて仕事に戻ることもできる。

事前にエレベーター・テストを実施する。結論を先に告げることは、エレベーター・テストに合格するのにも役立つ。この章ですでに述べたように、エレベーター・テストに合格するには、自分が出した結論をエレベーターに乗っているくらいの時間ですらすらと言えなければならない。実際のところ、マッキンゼー方式にしたがっていれば、提案と主要ポイントが示してある最初のスライドが、そのままエレベーター・テストの答えになる。演繹法によるアウトラインを利用してエレベーター・テストに合格しようとしたら、どういうことになるだろう。想像しただけでも大変そうである。

ぜひ勧めたいのは、プレゼンテーションの前にエレベーター・テストをしてみることだ。これがキャリアに役立ったという声が、マッキンゼー卒業生から数多く寄せられている。そのなかから、いくつか紹介しよう。

「少し前に、新しい会社を設立したばかりだ。大企業の経営幹部経験者が何人かいっしょなんだが、気づいてみると、彼らにこんなことを言っている。〈ゴールドマン・サックスとは二〇分しかない。しかも、勝負は最初の二分間だ。エレベーター・テストをしているあいだに相手に要点をわからせるつもりになってみたらどうかな。何をどう話したらいいか考えることだ〉。これまで成功を収めてきた人でも、二〜三の要点に絞ってうまく表現することができない人が多いのにはびっくりする」

――ブラッド・ファーンズワース、ジオネットサービシズ・ドット・コム

「これまでの私のキャリアでは、言いたいことを短い言葉で端的に表現できるおかげ

で、いろいろな意味で助かっています。物書きとしては、メディアに大々的に取りあげてもらうことがすごく重要ですからね。エレベーター・テストは、短く端的に表現することそのものだし、製品でもアイデアでも、人を行動に駆りたてるほど説得力があるかどうか知るのにいい方法だと思います。エレベーター・テストに失敗したら、それは私の言い方が明瞭ではなかっただけじゃなくて、たぶん、言おうとしたことに説得力がなかったということでしょう」

——デボラ・ナッキー、*The MsSpent Money Guide* の著者

「うちの委員会では、エレベーター・テストほどの時間しか注意を向けてもらえない。エレベーター・テストがなかったら、生き残れなかったと思う」

——学界へ転職した、ある卒業生

エレベーター・テストの価値について、ＣＴＲベンチャーズのロジャー・ボワベールが最終弁論にふさわしくこう締めくくる。

「ビジネスの提案をするとき、私自身のは特にそうだが、エレベーター・テストに合格できないようだったら提案するべきではない」

自分の思考を簡明に言い表わせないのは、話をよく理解していないのでもっとよく知る必要があるか、構造に簡明さが足りないので再検討しなければならないかのどちらかだ。

もうお気づきのように、私たちはプレゼンテーションにはしっかりした構造がなくてはならないと強く信じている。とはいえ、いくら完璧に立案され、このうえなく筋の通った提案でも、それを裏づける証拠が必要だ。というわけで、このあたりでプレゼンテーションの構造を補足し、分析内容を伝えるのに提示する証拠資料に目を向けておこう。

証拠資料はシンプルであること。 昨今では、証拠資料として提示されるのは紙に書いたチャートとはかぎらない。三次元モデル、製品サンプル、インターネット上のさまざまなページなど、いろいろなものが考えられる。どういう形式であっても、適切な視覚的資料はコミュニケーションの道具として信じられないほどの効果をあげることがある。百聞は一見にしかず、ということだ。チャートを使えば、文章で説明したら何ページも要るようなデータや概念を一つの図表で表わすことができる。それればかりではなく、聞いている側は、ただ聞いたり読んだりするだけのときより、目に見える（実物モデルの場合は手で触れられる）ものがあるときのほうが論点をよく理解できるものだ。

あなたが使っているのは、昔ながらのモノクロのチャートだろうか、それともレインボーカラーで三次元のコンピューター動画で音楽までついているようなものだろうか。いずれの場合でも、マッキンゼー卒業生が学んだ教訓には見るべきものがありそうだ。いちばん大切なことは、シンプルであること。あなたが目指しているのは、提案を伝えることであって、芸術作品を見せびらかすことではない。ときには、きれいな図表をまとめて、出席者に感銘をあたえたいと思うことがあるかもしれないが、ビジュアルがメッセージの邪魔になるようなことがあってはならない。そんなことになったら、それは伝えようとしているのではなく、混乱させようとしていることになる。

一つのチャートに盛り込むのは、聞き手に理解してもらいたいメッセージを一つだけにしよう。しかも、シンプルであればあるほどよい。そうしておけば、あなたの言っていることを聞き手がわかってくれるだけでなく、あなた自身にとってもわかり易い。それぞれのスライドに明確なメッセージが一つだけだったら、プレゼンテーションの途中で混乱するようなこともないだろう。シルビア・マシューズがホワイトハウスの首席補佐官代理を務めていたとき、大統領の発表の準備をするときは、この原則を最も重要なこととしていつも念頭に置いていた。米国の大統領にだって通用するほどのものだったら……。

最後に、提示する証拠資料についてちょっとひとこと。データを提示するときは、必ず情報源を記すようにしよう。そうすれば、誰かに出典を聞かれても、すぐに答えられる。さらに、数年後に情報が必要になったときでも、どこを探せばよいかすぐにわかる。

証拠となる提示資料がいくら重要でも、それだけでは不十分だ。それらを系統立ててまとめるしっかりした構造がどうしても必要である。それがないと、全体的なテーマを持たない、興味深い事実の寄せ集めでしかない。忘れてならないのは、各々の証拠資料はメッセージであり、それらのメッセージは構造のロジックに合っていなければならないことだ。それでやっと聞き手はあなたの思考を理解でき、こうして本来の目的が達成される。

練習問題

1　愛読している新聞の社説欄から、具体的に何か提案している社説を探し出す。その筆者が主張しているポイントと、裏づけとして用いている証拠（たとえば、電気使用量が年間二〇％増えているので発電所がもっと必要だ、というような）を書き出してみよう。次に、それらのポイントをプレゼンテーションに用いると想定し、論理的な構造にあてはめてみる。このプレゼンテーションでメッセージが伝わるだろうか。もし伝わらないとしたら、それはなぜか。

2　次回、プレゼンテーションをするとき、予行演習をしてビデオに録画しよう。できれば、実際のプレゼンテーションの前にビデオを見る時間をとる。録画を見るときは、聴衆の一人になったつもりで、配布予定の資料も含め聴衆が知っているはずの情報しか知らないと想像して見る。そうした見方をして、あなたのプレゼンテーションは理解できただろうか。説得されただろうか。あなたのプレゼンテーションの効果を高めるには、何をすればよいかを考えてみよう。

3　初めて見たとき理解するのにずいぶん時間がかかったというチャート（できれば、前回のプレゼンテーションで使ったもの）を探してくる。メッセージがすぐに理解できるように、それを描き直してみよう。元のチャートに複数のメッセージがあったら、複数のチャートを描く必要があるかもしれない。新しいチャートができたら、元のチャートを見たことがない人に見せてみよう。その人は、あなたが作成したチャートを理解できるだろうか。もし理解できなかったら、それはなぜか。

2　同意を得る

プレゼンテーションは手段でしかなく、それ自体が目的ではない。いくらプレゼンテーションが立派でも、いくら構成が首尾一貫していてチャートが印象的であっても、組織が提案を受け入れて実行してくれなければ意味がない。フォーチュン誌の米国企業五〇〇社のランキングに入っているような会社では、重役会議室から一歩も出ることのなかったプレゼンテーション文書が山積みになってほこりを被っている。

あなたの提案がこういう運命をたどらないようにするには、同意を勝ちとるテクニックを用いること。つまり、必要な策を講じて、聞き手が提案を受け入れる可能性を最大限に高めるのである。その策として、情報や信頼の溝を埋めることがあげられる。情報については、あなたのほうが聞き手より提案をよく知っているわけだから格差がある。情報信頼関係の溝（もしあれば）は、あなたと聞き手の関係によっていくつかのパターンが考えられる。こんな若造に事業アドバイスができるはずがないと思われたり、外部の者だから、高学歴すぎるから（もしくは学歴がないから）、あるいはその他なんらかの理由で信頼してもらえなかったりする。

この項では、こうした溝を埋める方法を二つ説明する。すなわち、事前報告をすることと、調整することだ。事前報告をするとは、プレゼンテーションの前に、出席予定者に内容を説明しておくことである。調整するとは、プレゼンテーションを出席者に合わせて変更することだ。これはプレゼンテーションの前と、必要であれば進行中にも行なう。この二つのテクニックを併用すれば、組織に変化を起こす確率が一挙に高まる。

マッキンゼーのテクニック

同意を得るテクニックに関して、マッキンゼー卒業生の胸に刻み込まれているのは、全容を事前に知らせておくという原則だ。

関係者全員に事前報告する。優れたビジネス・プレゼンテーションには、出席者が驚くような意外な内容が含まれていてはいけない。大々的に発表する前に、担当の意思決定者に内容を説明しておこう。プレゼンテーションをする前に自分の提案を主な意思決定者に送ってコメントを求めることを、マッキンゼーでは「事前報告」と呼んでいる。

マッキンゼーのコンサルタントは、プレゼンテーションのときは事前報告を欠かさない。これには次のような利点がある。自分が示した解決策に断固として反対されるという不意打ちを食らうのを防ぐ。また、解決策を承認あるいは実行する人たちから、賛成のコンセンサスを得るのに役立つ。組織内の政治的現実に合わせて、解決策を変更するチャンスともなる。さらに、自分が下した結論の現実性をもう一度、確かめることができる。その結果、あなたの解決策が承認・実行される可能性は大いに高まるというわけだ。

マッキンゼーでの教訓と成功例

マッキンゼー卒業生は、組織において効率的でありたいので、同意を得ることに努力を惜しまない。面接調査やアンケート調査に応じてくれた人のうち、ほぼ全員がこの戦略の価値に言及している。彼らの経験はつまるところ、次の二つの教訓に要約される。

- ●驚かれるようなことを避ける
- ●プレゼンテーションを聞き手に合わせる

驚かれるようなことを避ける。ビジネスのことで驚かされるのは、誰でも嫌なものだ。

もちろん、休暇が一日増えたとか、思ったよりボーナスが多かったとか、そういう嬉しい驚きのことを言っているのではなく、そのために意思決定者が計画や手続きの変更を迫られるようなもののことだ。小型株といったリスクのある投資に、国債のような安全な投資より高利潤が期待されるのはそのためである。事前報告をすれば、驚かれる可能性を減らすことができる。また、あなたの解決策をチェックすることもできる。提案に目を通した人が、あなたが調査し忘れていたことを指摘してくれて、そのおかげで結果がちがってくることさえある。

もっと重要なのは、意思決定者と大きな会議の場以外で話すほうが、あなたの考えに同意を得られる可能性が一段と高まることだ。膝を交えた一対一なら、自分の考えていることを存分に語ることができるが、正式の場ではなかなかそうはいかない。一対一なら相手が何を気にかけているかがわかり、それに対応できる。提案に異議を唱えられた場合は、大きな会議の前に妥協点を見いだして、肝心なときに反対されないようにすることもできる。

事前報告の威力の具体例として、現在はクイエロ・インクの創業者兼ＣＥＯで、かつて投資銀行ファースト・ユニオンで知識に基づくマーケティングの責任者を務めていたナラス・イーチャンバディの話を紹介しよう。ナラスは、ファースト・ユニオンに入社当時、事前報告を活用して大きな効果をあげた。

「マッキンゼーを辞めてファースト・ユニオンに入り、〈知識に基づくマーケティング〉というグループの責任者になったときのことだ。当時は、非常に小さなグループだったので、早く大きくしたかった。それには事業案件を提出して、社長のジョン・ジョージアスに、三年間で規模を拡大させる予算を認めてもらわなければならない。最初の二カ月間、マッキンゼーで学んだ面接テクニックを駆使して会社のいろいろな部署の人たちと話し、うちのグループをどう思っているか、何を期待しているか探ってみた。ガイドを組み立てて、みんなの意見をもれなく聞くようにしただけだが、これが実に役に立った。それに、これは売り込みの一部でもあったんだ」

ナラスがじっくりと耳を傾けたおかげで、いろいろと利益があった。

「わかったのは、人によって、うちのグループの受けとめ方がちがっていたことだ。期待しすぎている人もいれば、あまり期待していない人もいた。政治的な〈地雷〉がどの辺に埋まっているのか、だいたいつかめたというわけだ。次に、すぐに社長に持っていかないで、事業部の責任者全員に、提案の内容を話してみた。大勢の同意を得られたのは、そのときのフィードバックのおかげだと思っている。

事業案件は、マッキンゼーのプレゼンテーションと同じように組み立てたんだが、体系的で、考え抜かれていて、説得力があるといってみんな感心してくれた。会議は二時間の予定だったのに一時間半で終わったし、かなり大きな投資だったのに、最初の一時間くらいで承認をもらえたし…。ファースト・ユニオンでは、ジョン・ジョージアスに一回で金を出させたといって、いまでも語り草になっているんじゃないかな。そんなことは前代未聞だったからね」

たとえ、全面的な賛成は得られなくても、事前報告をしていると言い分を主張するときの助けとなる。ポール・ケニーは、グラクソ・スミスクラインで「プレゼンテーションの戦い」に巻き込まれたとき、それを実感した。

「論争のある製品を葬ろうとしていたんだが、決着をつけるのに、上のほうでその製品を擁護している人たちを相手に、立場をはっきりと立証しなければならなかった。よかったのは、前もってちゃんと地ならしをしておいたことだ。反対がなくなったわけじゃないけど、少なくとも発生源がわかったからね。主だった人たちには、結論を知らせておいた。賛成の人も反対の人もいたが、情勢がわかっていたのはよかった。プレゼンテーションでは、主な問題点をまとめて、提案を伝えることができた」

ポールが語っているような状況では、事前報告をしておくと各要点の事実について言い争うことがなくなり、とりわけ役に立つ。聞き手には、あなたの立場がすでにわかっているので、事実ではなく、考えに討議を集中させることができる。

ナラスとポールの成功例を、事前報告をしなかった場合と比べてみよう。この例では、マッキンゼー卒業生は、驚かされてばかりのプレゼンテーションを聞かされた側だ。

「ある会社の役員だったときのことだが、そこのCEOというのが、ろくろく相談もしないし、情報もくれなくてね。一年以上のあいだに、オフラインで話したのはたったの一回で、他の取締役も同じようなものだった。会社のビジョンがあるんだから、実行するには役員との連携が必要なのに。役員に、〈将来、会社をこういうふうにしたい。だから、こういうふうに支援してもらいたい〉と話すべきだったんだ。誰が政治的影響力を持っているのか理解して、その人たちに情報を知らせておくべきだった。それなのに、木曜日にいきなり役員会の招集をかけて、日曜日に企業を買収するかどうか決めようなんて…。役員会の返事はこうだ。〈その件なら二カ月前に検討して、そのときは反対だという結論でした。今度は、四日前に緊急会議を招集ですか〉。まず支持を取りつけることもしないで、あまり賢いやり方じゃないね。結局、袂を分かつことになった」

こういう目に遭わないように、可能なかぎり、事前報告を怠らないことだ。

プレゼンテーションを聞き手に合わせる。プレゼンテーションは、そのときの聞き手に合わせて変えるようにしよう。聞き手が同じ組織の人たちの場合でも、あなたとは状況がちがっていたり、その件について同じ知識を持っていなかったりする。プレゼンテーションの様式は、公式か非公式か、大々的なプレゼンテーションか小人数での話し合いか、文書か視聴覚か、というようにさまざまで、どれを選ぶかによって反応がちがってくることがある。詳細を知りたがる人がいるかと思えば、いちばん重要な点しか聞きたくない人もいる。プレゼンテーションを成功させるには、出席者が誰で、何を好み、どういう背景があるのかを知っておくことだ。シルバー・オーク・パートナーズのディーン・ドーマンは、聞き手に合わせることに関するマッキンゼー卒業生の見解をこう要約している。

「コンサルティング用語をふんだんに使って、プレゼンテーションを〈マッキンゼー化〉しても、たいていの組織ではうまくいかない。何もかも、全面的に聞き手に合わせなければだめだ。賢いリーダーは聴衆を知っているし、どう語りかければよいかわかっている」

聞き手に合わせようとすると、プレゼンテーションの構造でさえ調整しなければならないことがある。たとえば、聞き手が細かい裏づけを知りたがっていない場合、時間をかける意味がまったくないので、結論に直行することだ。聞き手に合わせることの一例として、GEのビル・ロスの話を紹介しよう。

「プレゼンは今でも、最初に重要なことを言うことや、基準となる考え方、問題の背景説明など、マッキンゼーのときのように組み立てている。ちがうのは、進め方をずっと速くしていることだ。GEでは、あまり時間をかけたがらない。さっさと結論に行ってもらいたがっている。そういうことなら、背景を説明するチャートにかける時間を短くすればいい。〈これから何を話すか告げる→話す→何を話したか告げる〉という構成で話す人がいたというが、私の場合は、このあたりで落ち着いている」

構造は残っている。ただ、聞き手が変われば、強調する面が変わるということだ。しかし、聞き手に合わせるには、彼らの好みや嫌がることを知っているだけでは十分ではない。彼らの言葉——どういう考え方をして、どういう専門用語を使っているか——を学ぶ必要がある。事前報告の項で例にあげたナラス・イーチャンバディがしたことは、まさにそれだった。

「ファースト・ユニオンで二カ月間、人の話を聞いたのがとても役に立った。社内でどういう言葉を使っているか、どういったものを探しているか、どういう結果を求めているかわかったからだ。自分で考えるためには、マッキンゼーの問題解決アプローチを使っていた。だが、会社に説明するときに使ったのは、彼らになじみのある用語やアプローチだ。プレゼンテーションでは、コンサルティングの方法論というか、コンサルティング用語は使わないで、彼らの言葉を使った。それもあって、プレゼンテーションがあれほど受けたのだと思っている」

忘れないようにしたいのは、別の組織には別の言葉があるだけでなく、同じ組織でも別のところには別の言葉がありうることだ。たとえば、対象が会社の取締役のときと、配達用トラックの運転手のときでは、同じプレゼンテーションはしないだろう。これは、どちらのほうが頭が良いとかそういうことではなくて、それぞれのグループの期待や目標や言葉がちがうからだ。こうした差違があるため、伝えたいメッセージをそれぞれのグループに合わせて調整する必要がある。

活用・実践ガイド

事前報告のプロセスに着手するのは、早ければ早いほどよい。早い段階で関係者を見極めて、インプットをもらっておく。そうすれば、それを解決策に反映させることができるので、彼らとしても解決策を受け入れやすくなり、成行きが他人事ではなくなる。また、チーム以外の人に見てもらうのは、誤りや見落としていたポイントを指摘してもらえるチャンスであり、その時点ならまだ訂正する時間がある。

柔軟に対処する。とはいえ、もう始めてしまってから聞き手に合わせなければならないことも出てくる。そういうとき、プレゼンテーションの構造がしっかりしていれば、聞き手の反応に合わせて柔軟に進め方を変えられる。何とかしなければならない状況に直面しているのに、台本通りにしか進められないようではまずい。この点について、ボブ・ガルダにはこんな経験がある。当時、長期休暇をとって大都市の公益企業で臨時のCEOを務めていたため、このときのボブはマッキンゼーのクライアントという立場だった。

「その企業の問題を分析していたマッキンゼー・チームのアソシエートが、最初の提案を説明したいと言ってきたので会うことにした。そのときの教訓というのが、なかなかお目にかかれないようなものだった。やってきたのは若い女性で、座ったかと思うと、〈問題はこういうことだと思うので説明します〉と言ってプレゼンテーションに入っていくので、〈問題はわかっているつもりだ〉とさえぎって、思っていることを四つほどのポイントにまとめて説明した。すると、〈そうですね。問題の説明でお時間を無駄にすることもないので、じゃ、最初の一六ページは飛ばして、解決策に行きたいと思います〉と言ったんだ。マッキンゼーのコンサルタントがそんなことを言うのを聞いたのは、あれが初めてだったと思う。実に、思いがけない経験だった」

柔軟であることと、さらに重要な、聞き手に敬意を払うことを心がけていれば、大いにポイントを稼ぐことができるというわけだ。

また、プレゼンテーションをするときは物理的な状況にも気を配り、それに合わせて調節しよう。同じメッセージを伝えるにも、場面によって適切な様式がちがってくる。たとえば、三〜四人の経営幹部に小会議室で説明するときは、オーバーヘッドプロジェクターを使う必要はないと思われ、証拠資料のポイントをレーザープリンターで印刷したものでいいだろう。逆に、大会議室に五〇人もの出席者がいるときは、大勢の人間の注意を引きつけられる手段が必要だ。

練習問題

1　今あなたが取り組んでいる問題では、いったい誰がカギを握っている意思決定者であるか考えてみよう。彼らは何を目指しているか、強み、弱点、好むこと、嫌がることは何か。こうして考えついたことを書いておけば、将来の参考になるだろう。

2　あなたが毎日のように接触している二つ以上のグループの差違を識別してみよう。社内でも社外でもいいし、取締役会でも、コーチをしているリトルリーグでも何でもいい。次に、以前に行なったプレゼンテーションを取り出して、これらのグループごとに、彼らが聴衆だと思って調整してみよう。どの版でも、主なメッセージが伝わるようにすること。

まとめ

マッキンゼーではプレゼンテーションは言ってみれば車が路上を走り始める場だ。しっかり組み立てられたプレゼンテーションに加えて、主たる意思決定者の同意を得るのに根気強く努力すれば、マッキンゼーの提案が受け入れられる可能性はぐんと高まる。この戦術を使えば、誰にでも同じ効果があげられる。

プレゼンテーションが終わり、提案が受け入れられても、それで一件落着というわけにはいかない。いくら素晴らしいアイデアでも、実行されないことには影響をおよぼすことができないからだ。とはいえ、それはまた別のプロセスであり、機会があれば改めて取りあげたい。

実行を別にすると、マッキンゼーの典型的な「エンゲージメント」は、チームが最終提案のプレゼンテーションを行なったところで終わる。クライアントには、マッキンゼーの助言を必要とするような新たな問題が発生するかもしれないが、そのときはまた新しいエンゲージメントの始まりだ。同様に、本書もビジネス問題の解決策を考え出して伝えるプロセスを終え、今度は、そのプロセスがクライアント、チーム、あなた自身にとって利益となるには、どう取り組めばよいかを見ていくことにしよう。

6
チームをマネジメントする

マネジメント
- チーム
- クライアント
- あなた自身

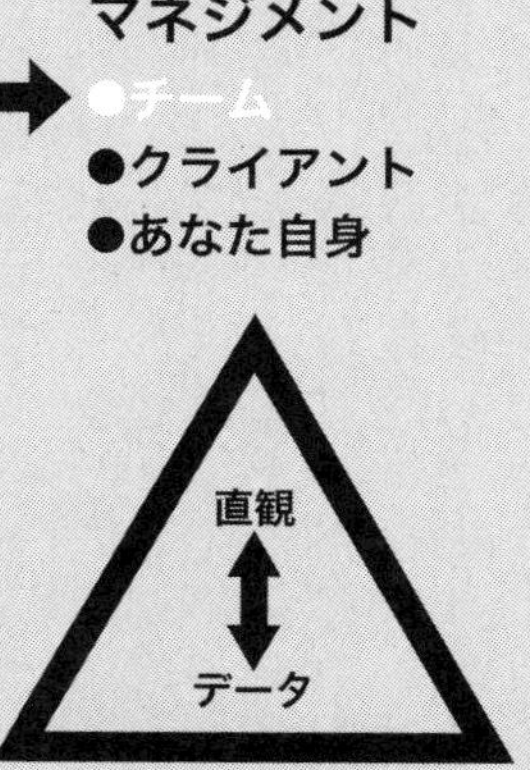

分析
- 構造の把握
- 計画
- 収集
- 解釈

プレゼンテーション
- 構造
- 同意

ガイダンス

マネジメント理論の分野では、ここ二〇年ほどのあいだに、チームとリーダーシップに関する研究が重要なテーマとなってきた。チームを編成し指揮する方法をアドバイスするハウツー本の類は、どの書店にも棚一列分は並んでいる（ときには専門のコーナーが設けられていることだってある）。こうしたアドバイスが世に溢れる理由は一つ。近年では、チーム制を採用する企業や組織がごくごく一般的になってきたからだ。それはおそらく、世間では、一人でかかるより何人かで協力したほうが大きなことを達成できると信じられているからだろう。だが、チームなら必ず成功するというわけではないし、チームをマネジメントするのはなかなか難しいものだ。

マッキンゼーよりチーム本位の組織を探すのは、そう簡単なことではない。ファームは、チームの運営については、見習うべき長所と、反面教師とすべき問題点のどちらも持ち合わせている。私たちはこの章でこの両面について触れるつもりだ。まず、よい面に目を向ければ、ファームは多大な時間とエネルギーを費やして、チーム・マネジメントに特化したトレーニング課題、会議、指導カリキュラムなどを用意し、チームリーダーの養成を図っている。エバーコア・パートナーズのキャラ・バーナムはこう語る。

「私はマッキンゼーで、〈チームをマネジメントするのは、他の仕事とは性質のちがう、とても大切な仕事だ〉ということを学んだ。この重要性は、他の組織ではそれほど評価されていないようだ」

マッキンゼーがチームやチームリーダー作りに尽力しているのは確かだが、こうした教育が開始される時期が遅すぎることを批判する人もいる。私たちの元同僚で、今は他の戦略コンサルティング会社に勤務する人物は、マッキンゼーのチームトレーニングは上級職になってからでないと受けられないと不満を漏らしていた。「マッキンゼーでは、チームのマネジメントについてはほとんど学べなかったね」と彼は言う。「昇進するに従って、よい教育を受けられるが、もっと早い段階では、ほとんどＯＪＴばかりだった」。この章で明らかにするように、マッキンゼーのチームワークとリーダーシップに関するトレーニング方法について不満を持っているのは彼だけではない。だが、チーム運営に関するファームの思想に何かしら傾聴すべき点があることは、過去七五年間にわたるファームの成功によって裏づけられているだろう。

この章では、チームのマネジメントに関する次の四つの要素について説明したい。

1　チームを編成する

2　コミュニケーションを促進する

3　きずなを育てる

4　成長を促す

1　チームを編成する

メンバーなしにチームを作ることはできない。だから、素晴らしいチームを作るには、正しい人物を選択しなければならない。この項では、あたえられた選択肢のなかから、最適な人材を確実に選び出す方法を説明する。もちろん、あなたのチームにうってつけのメンバーが、その組織に属していない人物だということもままあるだろう。そのため、ここでは効率的な人材採用を行なう方法についても触れておく。

もしかしたら、今のあなたには、自分のチームの人選について何の裁量権もあたえられていないかもしれない。実際、マッキンゼー卒業生たちの声によれば、マッキンゼーの外の世界ではそのほうがふつうらしい。しかし、その場合でも、あなたがこの本の他の助言に従っていれば、今後のキャリアのなかで、いつかはあなた自身でチームを編成できる立場に立つことがあるはずだ。

マッキンゼーのテクニック

ここでは、マッキンゼーのチーム編成と人材採用の方針について簡単に説明しよう。

最適なスキルと人材を慎重に選ぶ。 チームの人選に関わる立場になった場合は、何らかの計画性を持ってメンバーの選択にあたることが大切だ。マッキンゼー式では、各エンゲージメントのニーズに応じて、各人の知性、経験、対人関係能力のバランスを慎重に検討しながらプロジェクトの割り振りを決定する。どの能力も重要だが、その優先順位はプロジェクトによって（そしてチームによって）さまざまに異なるからだ。

人選を決定する前に、候補者全員と会っておくべきだ。メンバー同士の相性にも配慮しよう。チームメイトの能力については、他人の意見を鵜呑みにしてはいけない。可能なかぎり、自分自身の目で確かめること。

マッキンゼー式採用プロセス。 もしマッキンゼーの採用方針が厳しいものでなかったら、今日のマッキンゼーはありえなかったろう。ファームの設立趣意書によれば、マッキンゼーは「きわだって優秀な人材を取り込み、その能力を伸ばし、奮い立たせ、意欲をあたえ、そのまま引き留められるファームを築く」よう尽力することになっており、その通りに実際の行動で示している。マッキンゼーではパートナーが人材採用を指揮し、膨大な予算があたえられた数多くの人材採用専門のスタッフたちがその実行にあたる。マッキンゼーは、世界中のビジネス・スクールから最優秀の人材を探し出すことでこの目標を実現している。さらに近年では、ビジネス・スクール以外の大学や学問分野、産業界からもトップクラスの人材を採用するようになっている。

マッキンゼーの人材採用プロセスでは、何度となく事例検討のための面接が行なわれる。採用候補者は、この面接の過程で最低八人以上のコンサルタントと面談し、それぞれからあたえられる具体的事例の解決に取り組まなければならない。ファームの目的は、各候補者の知性を慎重に見極め、マッキンゼーにふさわしい分析力や対人交渉力を持つ人材かどうかを判断することにある。逆に言えば、ファームの厳密な試験をくぐり抜けて採用に漕ぎ着けるには、優秀な学業成績を修め、リーダーシップと独創性を発揮し、さらに事例検討の面接の場で「自分には、解決すべき問題に対して体系的に取り組み、個別の要素に分解する能力がある」ということを実証すればいいわけだ（もちろん、本書を読んでおくのも役に立つだろう）。

マッキンゼーでの教訓と成功例

もともとマッキンゼーの社風には、外の世界では通用しにくい、特殊なものが多い。

たとえば、社員は、各エンゲージメントに合わせて編成されたプロジェクトを六カ月単位で渡り歩くのが一般的なので、チームから別のチームへの異動も日常茶飯事だ。しかも、チームの人材は世界各国にあるマッキンゼーのどの支社からでも引き抜けるので、採用できるコンサルタントの候補にも膨大な選択肢がある。また人材採用に関しては、ファームの知名度や、層の厚い優良顧客、惜しみない報酬などの要因も大きな強みとなっているので、マッキンゼーの方法をそのまま、たとえば中規模の製造工場などに応用するのは、少々無理があるだろう。

だが、マッキンゼーの方法からは、あなたのチームメンバーの人選や採用にも生かせる教訓が学べるはずだ。マッキンゼー卒業生とのインタビューから得られた次の三つのアドバイスも、何らかの形で役立つだろう。

- ●示された能力だけでなく、相手の潜在的能力にも配慮する
- ●多様性の価値を理解する
- ●計画性を持って人材を採用する

示された能力だけでなく、相手の潜在的能力にも配慮する。マッキンゼーの人材選びの出発点は、極めてシンプルだ。つまり「最高の人材を探せ」。当たり前のように思え

るかもしれないが、実際の職場では、これはしばしば忘れられがちなポイントなのだ。キー・コーポレーションの指導的立場にあるジム・ベネットは、このことを今でも重要視している。

「私がマッキンゼーを離れたあとでも忘れることのない教えの一つに、〈いつでも、可能なかぎりベストの人材を見つけろ〉というものがある。自分の取り組む問題にぴったりの能力を持った最高の人材を、徹底して探し出すべきだ。私たちはその人物の過去の経験、強さ、そして弱さを評価するとき、履歴書のような形式的資料に頼りがちだが、このとき同時にインフォーマルな情報を活用すれば、その人物の潜在的能力にも光をあてることができるはずだ」

一般に、人材採用のときには、ある産業分野や技術、問題などについての経験の有無が評価基準となることが多い。状況によっては、この方針も大切だろう。プロジェクトをすぐさま展開できるメンバーは貴重な戦力となるし、チームがある産業分野について一から取り組む時間がない場合もあるだろう。マッキンゼーでも経験を重視し、これに基づいて候補者を評価している。

一方、ファームは潜在的能力も高く評価する。多くの場合、ファームはその分野での経験豊かな人材よりも、たとえ新米でも高い知的戦闘力を持つ人間を重視している（もちろん、これには「実践のプロフェッショナル」のような例外もあるが）。「問題の解決法や、企業や産業に関する情報収集、アイデアの提示方法などは、体系的に教え込むことができる。しかし、ある人間の頭を今より良くするのは、ほとんど不可能だ」というのがマッキンゼーの信念だ。だからこそファームは聡明な人間を探し出し、彼らを鍛えているのだ。選考過程では、学業成績と事例検討面接での成績が重視される。今はフックメディアのパートナーを務めるエバン・グロスマンは、彼の組織でも同じような方針を採用している。

「マッキンゼーで学んだ大切な教訓の一つは、〈その分野での経験豊富な人間を探すより、まず頭のいい人間を雇え〉というものだ。私たちにとって大切なのは、論理的に思考できる人間を採用することだ。だから私たちは、具体的事例に関する面接を通して、相手がその分野で発揮する能力を見積もり、仮説に基づいて考察を進めることができるかを確認することにしている」

マッキンゼーでは、世界有数の大企業にも大きな影響をあたえている有能な事業コンサルタントたちをヘッドハンティングし、社内に迎え入れている。こうした新メンバーは、そのあと自分がコンサルティングを行なうビジネス分野について、ほとんど、あるいはまったく実際の経験を持っていない。一般的な組織では人材採用のときに、経験は少ないが聡明で鍛えがいのある人間よりも、すでに特定の分野で一定の業績をあげた人間のほうを過大評価する傾向があるようだ。だが、自分のチームの候補者を探す範囲をもっと広げてみれば、まだ本領を発揮する場があたえられていないだけの、未来のスターを見つけられるかもしれない。

多様性の価値を理解する。最近では企業でも政府でも大学でも、「多様性」が人材採用担当者の決まり文句になっている。チームの人選については、私たちも多様性の信奉者だ。しかしマッキンゼーは、世間のように、個人の人種や性別、宗教、ときには食事の好みなどの多様性を求めているわけではない。たとえば、グロートンの全寮制高校に通い、ハーバードで経済学を専攻し、二年間ウォール街で勤務し、ウォートンでＭＢＡを取った二人の人間のうち、一人が白人でもう一人が黒人だとしたら、彼らのどこが「多様」だというのだろう？　本書の目的は、あなたが組織のなかでよりよい意思決定ができるようにすることだが、これは人間を豆か何かのように数えあげていても達成できはしない。私たちが多様性という言葉で意味しているのは、アファーマティブ・アクションのような恣意的な方針ではなく、経験の多様性なのだ。

マッキンゼーは人種や性別、出身校などの面からすれば、多様性がある組織だとは、とうてい言えない（米国の「平均的」なマッキンゼーのコンサルタントは、トップ5のビジネス・スクールを卒業した白人男性だ）。ファームが過去一〇年間にわたって、コンサルタントの多様性を増す方法について検討を重ねてきた結果、その人員構成は以前よりずっと多様になってきた。しかしこの方針のポイントは、さまざまな「背景」を持つ人びとを採用するということにある。たとえば最近のファームでは、法学生、あらゆる分野の博士号取得者、各業界のプロフェッショナルなどを雇うようになった[註]。

マッキンゼーのピッツバーグ支社で人材採用リーダーを務めたダン・ビートは、「多様性、熱意、卓越した知性」の適切なバランスこそがチームの真価を引き出すと言う。彼はヘッドハンターも使っており、最高のチームを編成するのに役立つならば、「伝統的でない」分野の人材もためらわずに登用する。

多様性のあるチームには、実際にはどんな利点があるのだろうか？ 多様性は、たんにチーム全体の持つ能力の総量を広げてくれるだけではない。多様性のおかげで、いつもは当たり前と思えた前提にも疑いの目を向け、斬新な視点から問題に取り組むことが可能になるし、問題解決のプロセス全体がより面白く興味深い体験となる。真の多様性は、問題解決の効率を高め、チームメンバー一人ひとりの成長を促してくれるのだ。

計画性を持って人材を採用する。前にも説明したように、マッキンゼーは厳格で形式的なプロセスに沿って人材採用を行なっている。このシステムでは、人材採用のためだけに結成されたコンサルタントと専門家の混成チームが、それぞれのビジネス・スクールごとに箇条書きの任務リストと予算を組み込んだ綿密な採用計画を作成している。彼らは候補者をふるいにかけ、その成績を調べあげ、将来性のある人間にはひんぱんに連絡を取る。この方法が極めて効率的で効果的であることに異議を唱えるものはいないだろう。ファームは「採用ミス」を冒さないことを誇りにしているのだ。

採用の効率を高めるには、一貫した採用体制を作りあげればよい。たとえば、GEの人材採用を担当しているビル・ロスは、よりシステマティックな体制を整えようと取り組んでいる。

「GEの上層部には数多くの優秀な人間がいるが、そうでない人間も少なくない。人材採用と、特に面接調査を活用すれば、この状況を改善できるだろう。マッキンゼーの大きな強みは、極めて優秀な一流の人間だけで一〇〇％構成された組織を作りあげ

註　これはあくまでマッキンゼー＆カンパニーの見解ではなく、私たちの見解だ。私たちはマッキンゼーを代弁しているわけではないし、マッキンゼーも私たちを代表しているわけではない。

ている点にあるが、これには、あの体系化された、一貫性ある採用体制が大いに貢献している。私はまだこの教訓をGEで全面的に活かせていないが、いずれはそうする必要があるだろう」

もちろん、一般の企業では毎年トップクラスの人材を大量に雇う必要はないだろうから、人材採用にマッキンゼーと同じだけの関心とエネルギーを注がなくてもかまわない。だが、どんな組織にとっても、従業員が重要な要素であることはまちがいない。あなたも、自分の採用方針を批判的に見直してみよう。人材採用に関するマッキンゼーの教訓の真価は、その形式ではなく、先見性と一貫性にこそあるのだから。

活用・実践ガイド

あなたの組織の人事採用をどうするか考える場合、結局は次の二つの問題に行きあたるだろう。つまり「誰を雇うべきか」、そして「どうやって雇うべきか」という問題だ。

誰を雇うべきか。この問題の答えを出すには、まず、あなたの業務上のニーズから考えてみよう。これはたんに「仕事の内容」という意味ではない。その人物が責任を負うべき、最も重要な任務は何だろうか。もちろん、どんな職務でもさまざまな活動を含んでいる。そんなときはエレベーター・テスト（第5章参照）を使って、その仕事内容を短いセンテンスに要約してみよう。たとえば、あなたがUSA社でハトメ事業部の購入責任者を新たに探すことになったとしよう。その場合、その人物はハトメの生産に必要な合成樹脂やプラスチック樹脂、特殊なポリマーなどを、できるだけ低価格で調達することに責任を負うわけだ。

次は、その任務をうまく達成するために必要な能力や属性のリストを作る。ハトメの購入責任者であれば、電話応対の技術、交渉能力、数学や会計関係の技能を持った人物がふさわしいだろう。このリストにはハトメに関わる項目がどこにもないが、この項目を満たす候補者なら、ハトメの技術的要素について教えるのもそう難しくない。逆に、このリストにある能力に欠けた人物を担当者として育てあげようとしたら、大変なことになるはずだ。

どうやって探すか。さて、どういう人物を雇うべきかはわかった。では、どうやってその人物を見つけだせばいいのだろう？　それには、候補をリストアップし、仕事内容とそれに必要とされる能力をさらに細かく検討しなければならない。ハトメ事業部に関しては、ジョーとロビンの二人でチームを作り、人材採用にあたらせることにしよう。彼らは、近くの大学を最近卒業した会計学科と数学科の出身者に狙いを絞り、さらに、できれば製造業に関わった経験のある人物を探すことにした。これで適切な人材が見つからなかった場合は、さらに手を広げて、隣の郡の大学の過去五年間の卒業生をあたるための臨時予算をあたえることにする。ひょっとしたら、素晴らしい人材がひょっこり現われるかもしれないので、地元紙とインターネットで人気のある仕事探しサイトにも募集広告を載せる。

多様性を忘れずに。最後は、新しい購入責任者が加わるチームを、多様性という観点を忘れずに組織しよう。同じ背景や性格の人間ばかりを集めてしまうと、多彩な顔合わせによってもたらされる革新のチャンスを逃してしまうかもしれない。候補の一人を外国人にするのもいい。その人は対人関係に新たな見解を持ち込み、それが原料メーカーとの交渉に役立つかもしれない。また、コンピューター・プログラミングの経験がある候補は、在庫管理システムを改善してくれるかもしれない。さまざまな背景を持つ候補者をただ受け入れるだけでは十分ではない。そうした候補を、積極的に探し出すべきなのだ。それには、この項でのアドバイスが役に立つだろう。

練習問題

1　あなたにとって理想のチームを想像してみよう。最初は、具体的に誰をあなたの部下にするかは考えなくていい。あなたにとって最も重要な業務を考え、そのなかで他人の助けが必要なものをリストアップしよう。次に、この項で説明した方法で自分の業務上のニーズを分析し、あなたとその事業部の（最終的には組織全体の）目的を達成できるような、理想的なチームの姿を思い描いてみる。そのあと、現在の自分のチームと理想のチームを比較して、両者のギャップを埋めるにはどうすればいいかを考えてみよう。

2　人材採用の計画を練ろう。まず、あなたの部下のポストに空きができたか、新たなポストを作ることになったと考えてみよう。あなたの採用計画を、業務上のニーズ、必要な技能、採用チーム、人材を探す場所、予算などを踏まえて、実際に文書に起こしてみよう。

2 コミュニケーションを促進する

チームの運営にとって最も重要な要素の一つが、コミュニケーションである。チームはコミュニケーションなしには機能しないのに、その大切さはしばしば見過ごされがちだ。といっても、「唯一にして最高のコミュニケーション方法はこれだ」と言えるものが存在するわけでもない。そこでこの項では、あなたのコミュニケーション能力を伸ばしてくれる、コミュニケーションの一般的ルールをいくつか紹介したい。

マッキンゼーのテクニック

マッキンゼーでは、コミュニケーションの大切さを、こう表現している。

情報をスムーズに流す。情報は力だ。金や物資とはちがい、情報は共有することでその価値を増し、チーム全員に利益をもたらしてくれる。チームを成功に導くには、つねに情報を循環させつづけることだ。ある情報を知らせなかったせいで、部下が不適切な決定をしたり、クライアントにまちがったことを伝えたりしては困るだろう。

チームは、ふつうは文書と会議を通してコミュニケーションを行なう。どちらも簡潔に要点を絞って行なうべきだ。さらに、定例会議ではない場でメンバー同士が出会ったときの「偶然会議」も、非科学的ではあるが強力なコミュニケーション・ツールとなることを覚えておこう。

マッキンゼーでの教訓と成功例

どんな組織でも、組織内でのコミュニケーションの形式や頻度を決める独自の「コミュニケーション文化」を培っており、マッキンゼーもその例外ではない。マッキンゼーでの会話のほとんどには、誰にとっても予想通りの言い回しが出てくる（たとえば、「今日中に…」「それがどうした」「クライアントへの訴求力が…」など）。人によっては、共通の特徴を発見できるかもしれない（簡潔なEメール、問題を三つずつにまとめること、二四時間以内の返答を求めること）。私たちとしては、他の組織や企業に対しては、マッキンゼー式のルールではなく、もっと一般的なルールをアドバイスしたほうがいいように思う。

●耳は二つあるが、口は一つしかないことを忘れてはいけない
●何を言うかだけでなく、どう言うかが重要だ
●コミュニケーション不足よりコミュニケーション過剰のほうがいい

耳は二つあるが、口は一つしかないことを忘れてはいけない。マッキンゼーを去ったあと、GEと二つのハイテク新設会社で働いたディーン・ドーマンは、絶対に人の言葉を聞き逃がすことがなかった。彼は社交的な性格を活かしてあちこちで活躍し、自らのキャリアを築きあげてきたが、聞くことの価値を十分理解している。

「私は今ではシルバー・オーク社の社長だが、この地位は私の〈聞く能力〉がはかりしれない価値を持っていたことの証拠だと思う。一年間重役会議に出つづけて、事業に関するトップ幹部たちの議論に耳を傾けてきた。社長となって最初にやったのも、〈見て、聞いて、学ぶ〉ツアーだ。つまり、社内で何が起きているのかを理解するために、四〇人以上の重要人物に、それぞれ二～三時間かけて面接を行なったんだ。自分の仮説に基づいて事業の変革を実行する前には、みんなが実際に何をやってるのかを知らなきゃならないからね」

ほとんどの人は聞くことより話すことのほうが得意なものだが、経営者の立場から見れば、これはしばしばトラブルの元になる。重要な事実を知らないせいでまちがった決定を下してしまう危険は大きいし、自分の意見が無視されていると感じた人びとは、指示に対して抵抗しがちになる。しかし、たとえ企業の重役たちが聞くことの大切さを認識していても、大学の教育課程や企業の教育プログラムのなかでは、それを学ぶ機会はほとんどない。

今は世界最大のコンサルティング会計事務所であるプライスウォーターハウスクーパーズで働いているアラン・バラスキーは、このことを肝に銘じている。

「チームワークについての教訓といえば、思い出すのは三つの言葉だね。コミュニケートせよ、コミュニケートせよ、そしてコミュニケートせよ。何かあるたびに、その前にも、最中にも、あとにも、コミュニケーションを欠かさないことだ。大きな決定のときにも、プロジェクトの転換期にも、とにかくどんなときにもね。もう一つ学んだのは、喋るよりも聞くことのほうがより大きな価値を生み出すってことだ」

みんなが、人の話を聞いた時間の半分だけ話すようにしたら、世の中はどんなふうになるだろう？　ひょっとしたら、カッカした空気がなくなることで地球の温暖化を遅らせることができるかもしれない。騒音公害も減るにちがいない。それに加えて、きっと私たちは、もっと考え深くなり、より慎重に言葉を選べるようになるだろう。具体的な「聞くテクニック」については、この章の後半で紹介しよう。

何を言うかだけでなく、どう言うかが重要だ。オフィスでは、誤解は伝染病のように広がる。推測や皮肉、微妙なニュアンスなどをちりばめたコミュニケーション方法では、自分の意図したメッセージを正しく伝えるのは難しい。メンバーの性格や文化、抱えている案件などがさまざまに異なっているときには、この傾向はいっそうひどくなる。

マッキンゼーでは、チーム内の伝達ミスを減らすために、対人関係に関する包括的な訓練プログラムを設けている。このトレーニングには、入社一年目に行なうロールプレイ（あたえられた役割を演じること）による相互交渉の練習、二〜三年目に受講する対人関係能力ワークショップ、各エンゲージメント・チームで行なうマイヤーズ－ブリッグス性格診断テスト[註]の三つが含まれる。マッキンゼーではこうしたプログラムを通して、口頭でのコミュニケーションを率直に柔軟に行なうのがどれほど大切なことかを、新人コンサルタントたちに叩き込むのだ。

どんな人でも、家庭でのしつけや学校教育、企業でのトレーニングなどを通して、一定のコミュニケーション方法を身につけている。言葉の選び方や口調は、同僚やクライアントとのあいだの日常会話にも大きな影響をあたえる。だから、私たちは自分のコミュニケーション・スタイルをきちんと自覚し、ときにはそれを変える必要がある。マッキンゼーで使っているような公式の訓練プログラムは、自分のコミュニケーション能力を知るうえで大いに役立つが、両親や伴侶、友人といった自分の身内も、同じくらい力になってくれるはずだ。

HRワン社のオンライン製品開発副社長を務めるリー・ニューマンは、マッキンゼーを出たあと、現在の組織でこのツールをどう使っているかを語ってくれた。

「マッキンゼーの対人関係能力ワークショップは、私にとってすごい衝撃だった。あの体験は、チームで働く従業員から最良の成果を引き出すうえで、今でも大いに参考になっている。ここでもマイヤーズ‐ブリッグス性格診断を全面的に実施して、性格や働き方などの面でチームの多様性を維持し、チームが真価を発揮できるようにして

註　マイヤーズ‐ブリッグス性格診断は、コンサルティング心理学出版社が著作権を持つ、個人の性格とコミュニケーションの評価法だ。この他にも、ケーシー性格分類のようなさまざまな指標がある。

いるよ」

自分のコミュニケーション方法を自覚し、世間にはそれとはちがうコミュニケーションをする人びともいるということを理解すれば、あなたは表面的な言葉のレベルを越え、相手が本当に言いたいことを理解できるようになるだろう。

コミュニケーション不足よりコミュニケーション過剰のほうがいい。ローストチキンを作るときには、ぴったりの焼き加減というものがある。火力が強すぎればチキンの表面は黒こげになるし、弱すぎれば生焼けのせいで病院行きだ。コミュニケーションにも同じことが言える。私たちはたいていコミュニケーション不足だったり、コミュニケーション過剰だったりするもので、ちょうどいい状態であることはめったにない。だが、チキンのローストと同じで、コミュニケーションも焼き足りないより焼きすぎのほうがずっといいのだ。

コミュニケーション不足とコミュニケーション過剰について、それぞれの損失を比べてみよう。コミュニケーション不足は情報の不足を招き、結局ミスにつながる。自分が仲間はずれにされたと感じたチームメンバーたちの士気が低下する。情報を回さないほうが時間を節約できると思えるような場合でも、結局はあとで同じことをするはめになることが多いのだ。

一方、コミュニケーション過剰による損失は、たいていの場合、もっと安くつく。忙しい重役たちは、あなたが大量の情報を持ち込んでくることにイライラするかもしれないが、度を越していないなら、そのコストは組織全体から見ればたいしたものではない。他の人びとに情報を伝えるコストも、Eメールやボイスメール、イントラネットなどの現代的なコミュニケーション・ツールをうまく使えば、ごくわずかですむ。

それに、コミュニケーション過剰によるコストのほとんどは「機会費用」だ。重役たちは、たくさんの情報をふるい分け、必要な情報を吸収することで、潜在的な価値付加という仕事を行なっているのである。これを、コミュニケーション不足によって起きるかもしれない価値損失の大きさと比較してみればいい。クライアントや消費者の損失、事故の発生、訴訟沙汰…。情報過剰のほうが情報不足よりもずっとましな理由が、改めて理解できるだろう。もちろんこの原則にも限界はあるので、あなたも実際の状況を踏まえて注意深く行動する必要がある。ただ一般論としては、たとえ失敗を冒すにしても、コミュニケーション過剰による失敗のほうがいい。

活用・実践ガイド

聞くトレーニングを利用する。組織のコミュニケーションを改善するには、具体的にはどういう手順で進めればいいのだろう。まずは、聞くためのトレーニングを導入することだ。マッキンゼー卒業生への調査によれば、彼らの転職先のうち、マッキンゼーほどしっかりした対人関係トレーニングを行なっているところはごくわずかだ。すべての企業が知識産業ではないのだから、それもある意味で当然だが、現代は企業内トレーニングの差が大きな競争力の差となりうる時代でもある。企業内トレーニングに膨大な予算を費やす企業でも、聞くトレーニングはほとんど行なわれていないのが実情だが、たとえ社内の体制が整っていなくても、聞くトレーニングを利用することはできる。聞く態度や組織行動に関するトレーニングに長けた外部のコンサルタントに依頼して、社内のコミュニケーションの状態を診断してもらえばいいのだ。マッキンゼーでも、この資格を持つ外部コンサルタントを定期的に利用している。

練習問題

1　あなた自身で（その気があれば自分の妻や夫にも）マイヤーズ-ブリッグス性格診断を試してみよう。マイヤーズ-ブリッグス性格診断について詳しく知りたければ、コンサルティング心理学出版のウェブサイト[註]にアクセスしてみるのもいい。あなたの性格分類と、基本的なコミュニケーション・スタイルを理解したうえで、どうすれば同僚や伴侶とのコミュニケーションを改善できるか考えてみること。こうすることで、あなたのコミュニケーションの幅を広げ、他人をより柔軟に扱えるようになるはずだ。

註

http://www.cpp-db.com/

3　きずなを育てる

チームのきずなを育てることの重要性は誰でもわかるだろう。だが、これも見過ごされがちなポイントの一つだ。なぜか？　それはおそらく、そもそもビジネスというものが結果だけを追い求めることで成り立っているからだ。最終的な成果ばかりに気を取られ、そこに至るプロセスを軽視したせいでチームが困難な状況に陥ってしまうことは珍しくない。この項の目的は、チームのきずなを強めるために、ほんの少しだけ時間とエネルギーを割くことの大切さを思い出してもらうことにある。そう、ほんのちょっとでいいのだ。

マッキンゼーのテクニック

チームのきずなについては、マッキンゼーから次の二つの教訓を学べるだろう。

チームの士気に気を配る。凍えそうなほどに冷え切った部屋やボイラーのように熱い部屋に好んで入りたいと思う人はいない。ハードなプロジェクトに取り組んでいる最中、メンバーたちのやる気と熱意が落ち込んだり、逆に空回りしたりしていないか、その「温度」を敏感に感じ取れるようになろう。チームのやる気を一定レベルに保つには、むやみに方針を変更せず、メンバーにはプロジェクトの進捗《しんちょく》状況とメンバーの貢献を逐一報告し、全員に敬意を払って接し、メンバーたちが互いに理解しあえるよう手助けし、メンバーの辛さを感じ取れるように努力すること。

きずなは、ほんの少しで十分だ。一日一四時間、週六日いっしょに働いているチームのメンバーが、わずかに残された週末に一番やりたくないことは何だろう。そんなとき、チーム全員でディズニーワールドに行ったり、街一番の豪華なレストランでいっしょに夕食を食べたいと思うメンバーがいるわけがない。親睦を深めるのも大事だが、大切なのはそのバランスだ。やりすぎは、何もしないのと同じくらい悪い結果につながる。チームのきずなは職場で深めることもできるのだから、ときには手加減しよう。

煎じ詰めれば、「チームのきずなを深めたければ、戦略的に」ということだ。メンバー全員が楽しみながら参加できるプランを立て、もし可能ならメンバーでない人間も巻き込んでしまおう。

マッキンゼーでの教訓と成功例

たいていのマッキンゼー卒業生たちは、転職先の職場では「チームの結束を固める」という役割までは求められていないようだ。そのため彼らの多くは、いきなりみんなで避暑地に出かけたり、極上のディナーを食べたり、家族ぐるみのイベントを開くといった方法ではなく、もっと保守的だが、チームの結束を高めるのにそれなりの効果がある方法を勧めている。彼らの示唆をまとめると、二つの教訓が導き出される。

●いっしょに過ごす（ただし、やりすぎは禁物だ）
●十分に報いる

いっしょに過ごす（ただし、やりすぎは禁物だ）。コンセコの戦略グループ部長となったダン・ビートは、この会社にチームのきずなを育てる方法を積極的に持ち込んだ。

「私は、みんながマッキンゼーでよくやっていたように、〈チーム全員で何かをやる〉派なんだ。この会社も他の役員も、あまりこういう考えには慣れてないようだがね。でも、これはそう大きな出費じゃない。部下を一〇人ディナーに誘うにしても、お互いのことを深く知ったおかげでチームの士気や生産性が向上することの費用対効果を考えれば、結局は安くつくものさ。これは、自分のポケットマネーでそうした催しを何度もやった経験からも確かだと思う。こうした催しのときに写真を撮って、それを自分のデスクに飾ったりすることで、グループへの帰属意識が高まるんだ。他の部署でも真似をしているようだけど、まだ十分じゃないようだ」

おそらく彼らはもっと真似すべきなのだろう。別のマッキンゼー卒業生も、「職場を離れてみんなで楽しむイベントは、そうお金がかからない割に、大きな見返りをあたえてくれる」というダンの説に賛同している。

チームの結束を図るのが娯楽だけとはかぎらない。何かを全員で成し遂げたときにも、チームのきずなは強まる。マッキンゼーでは、変わった場所（ゴルフコースやスキーリゾート、海辺がよく使われる）と教育プログラムを結びつけた、すごい研修を行なっている。今はレイノルズ＆レイノルズに勤務するクルト・リーバーマンは、この教えを胸に刻んでいる。

「自分がマッキンゼーから得たもののうち一番役立ったのが、チームの結束を強める方法と、問題解決の方法だ。ここでも二カ月おきに会社の上層部（部課長クラス）を社外に集めて、半日かけて研修を行なっている。チームの下のサブチームが作業を行なって、その結果を上のチームが報告するんだ。それぞれのサブチームに同じ作業をやらせることもあるし、そうでないこともあるが、どんな場合でも、きずなは深まる」

これは、日常業務に近いトレーニングを通してもチームの結束を図ることができるという好例だろう。別に豪勢なレストランに行かなくてもかまわない。場所を変えるだけでも大きな効果があがるのだ。

卒業生たちは、きずな作りは度を越えないようにともアドバイスしている。コメディアンのスティーブン・ライト[註]の言い方を借りれば、「全部を持ったりできゃしないよ！　どこにも置けなくなっちまうだろ？」というわけだ。強すぎるきずなはチームの重荷になることもある。そのせいでマッキンゼーを退社した卒業生もいるのだ。

「マッキンゼーでのきずな作りに関するあれこれは、当時の私にとっては負担が大きすぎたね。自分のライフスタイルとぜんぜん折り合いがつかなかった。ファームはクライアントとの通常業務以外にも、採用面接とかチームでの夕食とか能力向上訓練とか、ありとあらゆることをやらせようとした。私はクライアントとのプロジェクトに全力を注いでいたから、家族を放りだして新人の採用面接に行ったり、予測アナリストと楽しくディナーを食べたりする余力がなかったんだ。シニアレベルの人間は、業務以外の仕事がどれくらい現場の重荷になっているか誰も理解してないから、私たちは過大な要求を押しつけられるはめになった。成功すればするほど余計な仕事が増え、そのせいでファームを辞める人が多かったのは皮肉なことだね」

こうした問題意識から、親睦イベントを一切やらないことにしている企業もあるようだ。だが、私たちはそれには反対だ。こうしたイベントは、ふだんの仕事環境ではありえない、能力向上の機会をあたえてくれる。私たちの考えでは、親睦イベントは一つ二つ行なえば十分だ。ただし、やるからには計画性を持って行なうこと。最低限のコストで最大の効果をあげられるよう、開催する時期や内容、参加者などを入念に検討しよう。**十分に報いる。**技術コンサルティング企業、エイコーン・システムズのCEOとなったスティーブ・アンダーソンは、この会社の労働環境はマッキンゼーより厳しいと考えている。だが、彼いわく、社員にはそれだけの報奨をあたえているという。

註　スティーブン・ライトは、私たちの知るかぎりでは、マッキンゼー出身ではない。

「エイコーンはマッキンゼーより大変な職場だ。私たちも、会社の士気を向上させ、チームを結束させるためにいろいろと努力している。仕事が佳境に差しかかった頃には、チームはほとんど不眠不休の状態だ。だから、仕事を完了させたときには、ゆったりと豪勢なディナーを取り、快適なホテルに泊まり、パーティを開くわけだ。コンサルタントたちが激務を乗り切る姿は、ちょっとした見物《みもの》だよ。他にも、社員全員に定期的にディナーをふるまったり、金曜日をオフィスワークの日にしたりしている。週末には誰も働かない。こういった報奨方針は、ほとんどマッキンゼーからいただいたものだ」

もちろん、これほど激しい職場はそうそうない（何ともありがたいことだ）。会社がちがえば、効果的な報奨の方法も変わってくるだろう。たとえば、新たな職場ではボーナス、特別休暇、トロフィー、表彰などを報奨に利用しているマッキンゼー卒業生も多い。報奨は別に金銭的なものでなくてもいい。経済的報酬よりも、社内全体にチームの功績を広めるほうが大きな動機づけの力となることもよくある。

活用・実践ガイド

チームのきずなを育てるために何かイベントを計画するときは、二つのことを念頭に置いておこう。それは文化と予算だ。

きずなを深めるメリットを示す。他のマネジメント課題と同じように、チームの結束を図るための最良の方法も、それぞれの企業（あるいは部署やチーム）の持つ文化に応じて変わってくる。何を規範や無難な振る舞いと見なすかは、組織によってかなりの幅がある。シリコンバレーのドットコム企業ではごく当たり前な、チームで夜の街に繰り出すことも、プロクター&ギャンブルあたりでは恥ずべきことかもしれない。だから私たちも、ここで「あなたの企業にぴったりの活動はこれだ」と決めるつもりはない。それでも言えるのは、たいていの企業の場合は、従業員が互いに少し打ち解け、くつろげるようにするだけでも、大きな効果があがるということだ。もちろん、「くつろぐ」というのは企業戦略や財政計画のことを全部忘れてしまえという意味ではない。みんなが職場でもう少し楽しく過ごせるようにすればいいのだ。毎年定例のピクニックやゴルフ大会以外に何か催すのも悪くないだろう。ゴーカートでもボウリングでもスキーでもサバイバルゲームでも、何でもかまわない。いつもの仕事とはちがう活動を通して、お互いのきずなが深まるようにすればいい。

こうして素晴らしい計画を思いついたら、次はその予算を手に入れなければならない。三〇〇人でサバイバルゲームをやれば、結構な費用がかかるだろう。率直に言って、私たちはチームのきずなを育てる活動は企業の生産性を向上させると信じている。私たちだけでなく、こうした活動に多くの投資をしている世界中の企業も、このことを直感的に理解しているはずだ。しかし、あなたの企業がこうした活動になかなか予算を出さないようなら、彼らの財布の紐を緩めるために、きずなを育てるメリットを具体的に示す必要がある。

では、実際にはどう取りかかればいいだろう。あなたの組織の意思決定を行なう人物が、数字だけでなく質的な議論も受け入れるタイプなら、「きずなを育てる活動は生産性を向上させる」という主張をまとめて要望書を作る。数字を出さないと上を説得できない企業風土の場合は、生産性向上による経済効果の分析報告を作成しよう。同業他社や同じ社内に先例を探すのもいい。社内に結束力の高さを誇っている事業部があれば、それを自説の裏づけとして利用する。小規模なパイロット・プログラムを提案するのも一計だ。試験的プログラムの実施によって業務効率が向上し、利益を生み出せたと実証できれば、次はその活動を社内のどの事業部で展開するかを決める権限をあたえられるだろう。

活動計画を練るときは、「ほどほどに」という卒業生のメッセージを肝に銘じること。たとえば、一年間には二つから三つのイベントを行なえば十分だ。計画作成にはできるだけ多くの人びとを巻き込もう（みんなからアイデアを募集するという手もある）。情報を公開すれば社内の関心も高まり、結果的に協力者も増える。実施したイベントについて従業員の満足度を調べ、そのうち評判のよかったものだけを以後もつづけるというのも効果的だ。最後に、楽しむことを忘れないように。

練習問題

1　あなたの組織の報奨制度を検討してみよう。社内で採用されている報奨制度を、すべてリストアップする。金銭的な報酬と、そうでないものを分けてリスト化すること。それぞれのリストができあがったら、二つのリストのなかにある報奨制度のうち、あなたから見て、一番やる気やチームの結束力を高めてくれるものから順にランクをつけてみる。できれば同じチームや事業部の誰かにも、この作業をやってもらうこと。いちばん効果的な報奨制度はどれだったろうか？　もしあなたに権限があれば、より効果的な報奨制度を導入するための予算を要求しよう。

2　あなたのチームや事業部のための親睦イベントを計画してみよう。最初のうちは、この項の〈活用・実践ガイド〉のアドバイスに従って計画を進めればいい。計画の際には、他のメンバーに協力を仰ぐのも有意義だろう。あなたの組織にとって最適な活動内容と実施のタイミングを考える。できるだけ細かい点まで検討し、その計画に従ってイベントを実施しよう。

4 成長を促す

仕事に満足感を感じてもらうには、仕事を通して進歩し成長する機会を従業員にふんだんにあたえなければならない。従業員を成長させる方法は、ただ経験を積ませる以外にもある。本人の能力に合った職場に配置したり、働きぶりを正しく評価したり、現場の意見に耳を傾け、従業員の目標と組織の目標を一致させることでも、従業員の成長を促すことができるのだ。

本書を執筆しはじめたときには、私たちは従業員の育成に関する項を含めるつもりはなかった。だが、マッキンゼー卒業生たちのコメントを分析した結果、この問題をマッキンゼーから学んだ最も大きな財産だと感じ、次の職場でもこれを実践している人びとがかなりいることがわかった。チームをマネジメントする立場の人間にとって最も大切な役割の一つは「チームメンバーが成長できる環境を整えること」であることを、この項を通して理解してほしい。

マッキンゼーのテクニック

マッキンゼーでは、ビジネス上の問題を解決するために、一流のコンサルタントたちを熱心に教育している。マッキンゼーの社内文化には、従業員の成長を図ることが当たり前のように組み込まれている。それは、いわばマッキンゼーにとって第二の天性のようなものなのだ。

マッキンゼーでの教訓と成功例

私たちは、マッキンゼーの教育プログラムや卒業生たちのコメントを詳細に検討して、企業の教育プログラムを評価し、改善する方法を考えた。卒業生たちは、マッキンゼーで学んだことを非常にうまいやり方で次の職場に持ち込んでいる。彼らは、二つの大まかな指針をあたえてくれた。

●期待は高く

●つねに働きぶりを評価する。ただし、バランスを失わないように

期待は高く。 面接したときはキー・コーポレーションでリテール銀行部門を統括していたジム・ベネットは、面接の冒頭で、部下が大いに働くように高い目標を設定することの大切さを強調していた。

「マッキンゼーで学んだことのうち、今の地位で一番役に立っているのは、〈とにかく高い目標を設定し、それを達成するために組織全体を駆り立てる〉というやり方だ。たとえば私は、自分のチームに総額一億ドル分の経費削減を命じ、そのことをみんなに公表した。えらい目標を立てたものだが、結果的にはチーム全員が熱心に取り組み、目標を成し遂げつつあるよ。これじゃ〈捕虜に作業命令を下す〉みたいだが、それがなかったら、どの程度のことが達成できたかは疑問だな」

これは組織全体についてだけでなく、個人にも言えることだ。期待が高ければ、それだけの結果を残す。期待が低ければ、結果もそれなりだ。成長は変化と同じで、多くの人間にとってはあまり歓迎されないものだ。だが、上司がより高い目標（イコール、もし達成できれば、より多くの報酬）を設定することで、従業員たちは変化を恐れる気持ちや、

そこからくる無気力さに打ち勝つことができる。少なくとも最初のうちは、とうてい達成できないように見える「途方もない」目標によって、従業員から創造性とエネルギーを引き出すことができるのだ。別のアイデアや選択肢を探る（MBAふうの言い回しなら「箱の外で考える」）ことは、社員にとっては新鮮で開放的な経験となる。これは組織にとっても大きなメリットとなるだろう。

つねに働きぶりを評価する。ただし、バランスを失わないように。フィードバック、つまり各従業員に対する評価を本人に伝えることは諸刃の剣だ。確かに人間は、自己を高めたり、自分のエゴを満足させるために、周囲が自分のことをどう思っているのか知りたがる。その一方で、自分の問題点や欠点を指摘されるのは、誰にとっても不愉快なものだ。しかし、従業員へのフィードバックは、うまく使いこなせば、従業員を成長させる最高の手段となりうる。以下では、効果的な勤務評価を行なうためにマッキンゼーが培ってきたテクニックをいくつか紹介しよう。

ファームではさまざまな研修システムを採用しており、そのいくつかはあなたの組織にも導入できるだろう。たとえばファームでは、各コンサルタントにつき一人、「向上グループリーダー」というメンター（師匠）を割り当てている。向上グループリーダーは、ふつうパートナークラスの人物で、コンサルタントの昇進を通してその成長度を見守るのが役目だ。向上グループリーダーは、自分の受け持つコンサルタントの勤務評定のすべてに目を通す権限があり、エンゲージメント・チームの他のメンバーたちと、そのコンサルタントの成績について細かく議論する。

またファームでは、各コンサルタントがプロジェクトを完了させるたびに、EMやパートナーによって公式の勤務評定が行なわれる。この勤務評定には、重要な能力（分析能力・対人能力・リーダーシップなど）に関するチャートや、そのコンサルタントの昇進に応じてどんな分野を担当させるべきかという提言も含まれている。

さらにマッキンゼーの支社のなかには、「三六〇度の」フィードバック・プログラムを採用しているところもある。つまり、そのコンサルタントに関わるすべての人間、つまり部下や同僚、上司、ときにはトップまでが、彼に評価を下すのだ。また、多くのチームは「チーム勤務評価レビュー」を使って、いっしょに働く同僚の働きぶりを互いにオープンに評価しあう。このように、マッキンゼーはフィードバックに事欠かない。もちろん、これをやりすぎだと感じる人もいるだろうが（この問題については、この項の最後に触れる）。

マッキンゼー卒業生たちは、こうした数々のテクニックには非常に効果があると感じている。現在の職場にはこうしたフィードバックがないことを残念がっている卒業生も多い。今はメロン・インスティテューショナル・アセット・マネジメントの社長を務めるロン・オハンリーは、マッキンゼー式のフィードバック体制をこの会社にも築こうと努力している。

「真のチームは、互いに手加減なしのフィードバックを絶え間なくつづけるものだ。一般企業の階級制度のなかでこれを実現するのはなかなか難しいが、この会社では、少なくとも私の周囲では、オープンなフィードバックが定着してきたね」

ディジタス社の副社長兼マーケティング副局長のバーバラ・グースも、あるシステムを現在の職場に持ち込んでいる。

「私のチームでも、〈チーム勤務評価レビュー〉と同じような仕組みを導入してるの。私が関わったことのある他の組織では、チームの人選や評価、成長促進のための体制が整っているところはほとんどなかったわ。他の組織にはない制度だけど、マッキンゼーの向上グループリーダーは、この点で大きな役割を果たしてきたと思う。マッキンゼーでは、いつも自分を見守ってくれる人がいるって思えたもの」

こうした手厳しいコンサルタント評価や向上のためのアドバイスは、誰にでも適しているわけではない。誰もが成長の途上にあるとはいえ、その路上でのつまずきは私たちにとって愉快な体験ではない。マッキンゼーに欠けている要素はバランスだと批判する人もいる。評価のフィードバックについては、量と質（肯定的評価と否定的評価）の両面について考えなければならないだろう。

量の問題というのは、要するにどの程度フィードバックを行なえばよいかということだ。評価コメントの回数が少なすぎれば、従業員は、いわば暗闇のなかを自己評価だけに頼って昇進への道を模索しなければならない。逆に評価コメントをひんぱんに返しすぎても、従業員の士気にマイナスの影響をあたえる。プレッシャーを感じた従業員は、自分の評価を上げることだけに汲々として、他の職務に手がつかなくなってしまうかもしれない。

活用・実践ガイド

この項の最初に書いたように、成長とは継続的なサイクルだ。あなたが誰かの成長を見守るべき立場にあるとき（つまり誰かのメンターとなったとき）は、本人と組織の双方のニーズを満たすような目標を作ってあげよう。それから、本人の仕事ぶりを評価し、それを本人にフィードバックする。さらに、あなたはこのフィードバックに基づいて新たな目標を設定する。あとは同じサイクルを繰り返せばいい。

野心的な全体目標を作る。 まず最初にすべきことは、本書で何度も強調したように、組織における各人の目標を設定することだ。従業員（この場合はあなた自身も含めて）が、まず第一に果たすべき業務は何か。コンサルティング業界の場合なら、分析、チームワーク、プレゼンテーションがそれにあたる。こうした業務範囲のそれぞれに関して、自分の組織の全メンバーで達成すべき、野心的な全体目標を作る。また、自分がメンターとして面倒を見ている部下たちには、それぞれ個人的な目標をあたえよう。部下たちと面接し、業務や今後のキャリアに関する希望をはっきり立てさせ、そうした希望を、目標を設定するときに組み込もう。

目標を伝える。 次の問題は、こうした目標を従業員たちにどう伝えるかだ。あなたの組織は、従業員に対する期待をきちんと伝える体制が整っているだろうか、それとも口頭での指示や、職場の先輩からのアドバイスですませているだろうか。いずれの方法にも長所と短所があるし、どちらを選ぶかはその会社の社風による。自分の組織の文化にはどちらが向いているかは、あなた自身で判断できるだろう。

組織によっては、今までの昇進制度（公式の制度も暗黙の慣行も含めて）や評価体制に従業員が順応しきっているせいで、制度を変えるのが非常に難しいこともある。

きちんと評価する。 能力評価は、次の三つの基準に沿って行なうべきだ。

1　客観的に評価する
2　あらかじめ設定した目標に基づいて評価する
3　当人の努力のおよぶ範囲のことだけに焦点を絞って評価する

従業員によい影響をあたえたいなら、客観的な目で相手を評価することが何より大切だ。自分がメンターとして面倒を見ている部下を全員好きになる必要はないが、評価には個人的な好き嫌いの感情を持ち込んではならない。また、各人の目標や期待する成果を前もって教えておかないと、部下は暗闇のなかで空を飛ぶのと同じ状況に陥る。こんな状態で、無事に目標を達成できるわけはない。また、部下個人ではどうにもできない要因について非難するのもよくない。クライアントが破産したり、バブルがはじけたりしても、それは彼の責任ではないだろう。

バランスに気を配る。最後に、フィードバックの内容と頻度について考えてみよう。多くの人は、「誰かに成長を促すには、相手の失敗を指摘して、何をどう変えればいいかアドバイスしなければならない」と思い込んでいる。だが、人間の成長には、肯定的評価も同じくらい重要な役割を果たすのだ。

肯定的なコメントと否定的なコメントのそれぞれが従業員の仕事ぶりにおよぼす影響を、私たちの経験的仮説に基づいてグラフ化してみよう。次ページの**図6・1**のように、

図 6-1　フィードバックが業績にもたらす影響

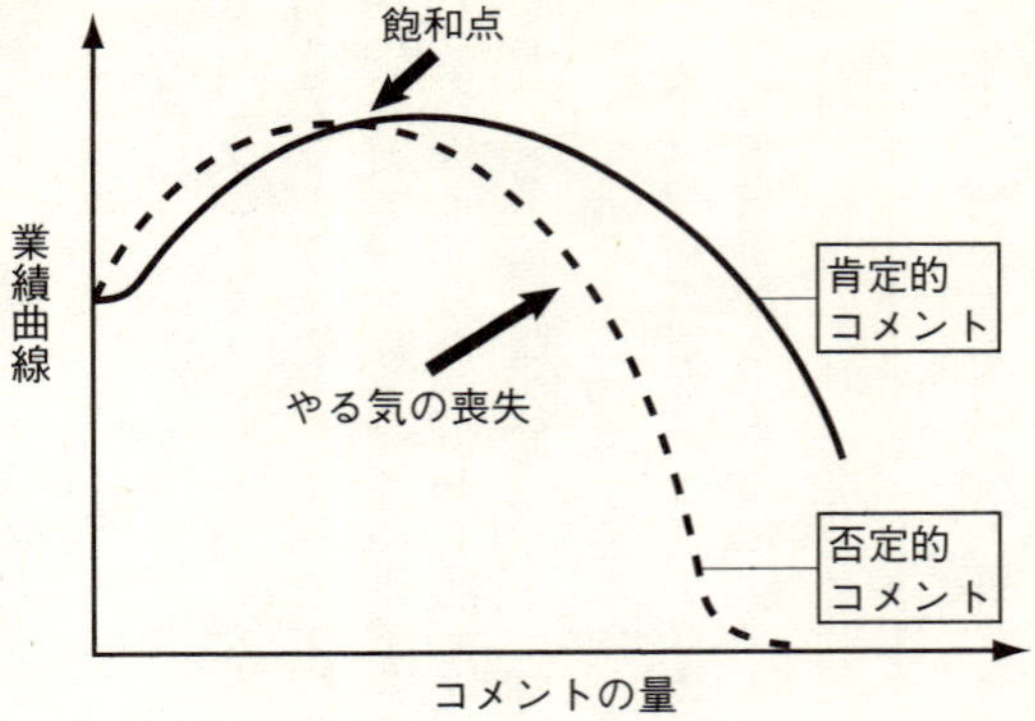

コメント内容によって業績曲線は変わってくる。話を簡単にするために、肯定的コメントと否定的コメントはそれぞれ相手の長所と欠点を指摘するものと考えてみよう。なお、否定的な内容を肯定的な口調で伝えたところで、それは決して肯定的コメントにはならないことに注意しよう。

この図と仮説は、次のことを示唆している。まず、わずかな否定的コメントでも、部下の業績に大きな影響をあたえることができる。否定的コメントを一切あたえなければ、成長を促すことはできない（そして厳しい目で見れば、誰にでもさらなる成長の余地はあるはずだ）。だが、否定的コメントの曲線はすぐに下降し始める。人間が否定的コメントから吸収し実行できる教訓には限りがあり、それを越えれば、あとはやる気を失うばかりになる。一方、肯定的コメントの場合は、曲線はもっとなだらかに上昇する。つまり、部下の業績に影響をおよぼすには、少し多めに肯定的コメントをあたえなければならないのだ。また、肯定的コメントの影響は長つづきする。しかし、肯定的コメントの量が「飽和点」に達したあとは、こうしたコメントは浅薄で信じられないお世辞に聞こえるようになる。

要するにこのグラフで言いたいのは、フィードバックはバランスが大切だということだ。問題点と発展の余地を探すのも大事だが、あら探しに熱をあげすぎて、コメントを「改善点の提案」ばかりにしてはいけない。肯定的コメントも同じくらい大切な役割を果たすのだから、私たちはみんな「もっとがんばれ!」と「すごいぞ!」の両方をもう少し使ってみるべきだろう。再三言うが、肝心なのはバランスだ。あまりに誉めすぎるのも白々しく聞こえて、かえってマイナスの影響をあたえてしまう。向上した要素がどこにも見あたらない場合には、なおさらだ。

練習問題

1　自己向上のための旅に出よう。自分はどんな点でもっと成長すべきかを考えてみる。なるべく、あなたの周囲の人びと（上司からの勤務評定、同僚、妻や夫、友人など）にも手伝ってもらうこと。自己分析用に開発された市販キット（たとえばクリエイテイブ・リーダーシップ・センターやフランクリン・コーベイ研究所のもの）を試してみるのもいい。あなたの長所と欠点を、自分の主観だけでなく、他人の目も通して率直に評価する。そして、あなたの改善すべき点を一つか二つに絞って選んでみよう（それ以上になると、「やる気の喪失」ポイントに達してしまう）。

2　あなたの直属の部下の「改善すべき点」は何だろう。あなたは毎日部下とやりとりしているが、これらの「改善すべき点」について考えるために、実際にどれだけの時間を割いているだろうか？　あなたの主観ではなく、彼らの視点で考えてみること。部下一人ひとりを、あなたの要求だけに基づいて評価するのではなく、一人の人間として見るようにしよう。一人ひとりについて、良いところと悪いところ（お好みなら「改善点の提案」でもいいが）をリストアップする。同じように、部下にも自分自身とあなたについてリストを作ってもらう。彼らのリストをあなたが作ったリストと突き合わせて比較してみよう。ただし、昼食時にこの作業をしてはいけない。皿の投げ合いが始まることまちがいなしだ。

まとめ

　過去五〇年間、リーダーシップとチームのマネジメントに関しては、さまざまな関心が寄せられ、多くの学問的・応用的研究が積みあげられてきた。というのも、これらは、わずかに改善するだけで大きな実践的効果が期待できる分野だからだ。その意味では、この章で紹介した方法論には目新しい要素はあまりないかもしれない。だが、その代わりに私たちは、マッキンゼーのコンサルタントたちが現場での経験を通して培ってきた「知恵のエッセンス」を抽出したつもりだ。

　チームのマネジメントは科学というより職人芸に近いので、この章であげた具体的提案も、あらゆる場面で通用するという類のものではない。だが、「慎重な人選」「日常的なコミュニケーション」「結束の強化」「目的意識を持った成長」という四つの原則は、誰にとっても参考になるはずだ。

7
クライアントをマネジメントする

マネジメント
- ●チーム
- ●クライアント
- ●あなた自身

分析
- ●構造の把握
- ●計画
- ●収集
- ●解釈

プレゼンテーション
- ●構造
- ●同意

ガイダンス

あなたのクライアントは誰か？　その答えは、あなたの職場や立場によって異なるだろう。顧客かもしれないし、販売店や部品メーカーかもしれないし、上司、CEO、株主、あるいはこれらの組合せということだってありうる。仕事を成功させるには、まずクライアントを優先しなければならない。この教義は、自らをプロのサービス企業と任じるマッキンゼーの根幹となっている。

クライアントとのやりとりが、私たちを（金銭的にも心理的にも）豊かにしてくれる、素晴らしい経験となることもある。これこそ真の「win-win」関係だ。だが多くの場合、クライアントとの交渉は、ストレスのたまる厳しい体験だ。セールスマンなら誰でも、新規顧客をコンスタントに開拓するのがいかに大変なことか知っているだろう。仮にセールス分野でなくても、あなたがビジネスの世界に身を置く以上、あなたが満足させるべきクライアントがどこかにいるはずだ。この章では、クライアントをめぐる次の三つの要素について検討する。

1　クライアントを獲得する

2　クライアントとの関係を調整する

3　クライアントを保持する

最初の「クライアントを獲得する」の意味は明瞭だろう。クライアントとの関係を云々するには、まずクライアントを獲得しなければならない。次の「クライアントとの関係を調整する」とは、クライアントに、進行中のプロジェクトについて興味を持たせ、満足させることだ。なお、私たちはこの「クライアントとの関係を調整する」ことと「クライアントを保持する」ことを分けて考えており、「クライアントを保持する」という言葉では、一つのプロジェクトが終わったあとで、継続的に仕事を受注するための努力を指している。この章では、マッキンゼー卒業生たちの経験を通して、クライアントの数を増やし、彼らの満足度を高める方法を紹介しよう。

1　クライアントを獲得する

この項では、新規クライアントを獲得するのに役立つツールやテクニックについて説明する。ここでは、ふつうのビジネス書やビジネス誌ではお目にかかれないような教訓がいくつも登場するかもしれない。その根本的理由は、私たちが「最高のセールスは、売り込まないセールスだ」と信じているからだ。

マッキンゼーのテクニック

マッキンゼーは、顧客の獲得については独特の方針を採っている。**売り込みをしないで売り込む**。マッキンゼーのコンサルタントに、ファームがどうやってサービスを売り込んでいるか聞いてみれば、彼らはちょっと傲慢な口振りでこう答えるだろう。「マッキンゼーは売り込みをしないんだ」。だが、これは半分しか事実ではない。実はマッキンゼーは、間接的アプローチを使って売り込みをしているだけなのだ。ファームは新規ビジネスの開拓に、勧誘電話や大量広告ではなく、既存顧客との関係だけを使う。

マッキンゼーのエンゲージメントの多くは「後続業務」である（これは、「あるクライアントとのあいだで一つのプロジェクトが終わったあとに請け負った追加プロジェクト」のことを指す、気取った言い回しだ）。ファームは、顧客との関係を築くために市場を開拓し、本を出版し、広範囲なコミュニティ活動を行ない（これには、マッキンゼーのコンサルタントが、慈善団体の委員のなかにひしめいている企業の重役たちと交際する機会を持つという付加価値もある）、時事問題に関するコメントやワークショップに関わっている。こうした努力はすべて、マッキンゼーの名前を広く世に知らしめ（まだその必要があるかどうかは別として）、各企業の意思決定者たちとのネットワークを広げるのに役立っている。こうした意思決定者こそ、業務上の問題を解決するために各地のマッキンゼー支社に電話してくるかもしれない潜在的顧客なのだ。

あくまで到達可能な目標を設定する。ジョージ・W・ブッシュいわく、「われわれは約束をした。だからわれわれは約束を守り通す」。マッキンゼーは長年にわたって、約束したことを履行するのがいかに大変なことかを学んできた。だが、ときにはマッキンゼー人も、筋の通った合理的な約束でなければ、それを達成することはできないという事実を忘れてしまう。プロジェクトを立てるときには、なすべき仕事の範囲について安請け合いしてはいけない。もしその約束を達成できなければ、あなたは責任を問われ、後続業務を請け負う見込みなどなくなってしまうのだ。クライアントの要求と自分のチームの能力のあいだでうまくバランスを取ろう。クライアントがもっと多くのことを要求してきたら、最初のプロジェクトが終わったあとで、新たなプロジェクトにとりかかればいいのだ。

マッキンゼーでの教訓と成功例

「顧客の獲得といっても、コンサルティング業界と他の業界ではぜんぜん事情がちがうだろう」と思う人もいるかもしれない。だが、今はちがう業界で働くマッキンゼー卒業生たちも、マッキンゼーの教えが役に立っていると言う。私たちは彼らとの面接に基づいて、二つの原則を導き出した。

- ●クライアントをはっきりさせる
- ●ニーズを押しつけるのではなく、引きつける

クライアントをはっきりさせる。　これは簡単なことに思えるかもしれないが、言うは易し、行なうは難しである。特に、相手に関する理解の深さが、交渉がうまく運ぶかどうかの決め手となるような状況ではなおさらだ。たとえば政府について考えてみよう。この昔ながらの階層的な組織体系では、自分のクライアントとそのニーズを見つけるのは簡単だと思う人もいるかもしれない。だが、クリントン政権下で行政管理予算局の副局長を八年間務めたシルビア・マシューズによれば、その答えはノーだ。

「ここは、自分のクライアントを見極めるのが難しい職場なんです。誰がクライアントなのかぜんぜんはっきりしていません。たとえば私の場合も、クライアントは一人だけではなく、大統領も副大統領も、あくまで〈クライアント・その一〉なんです。他にもさまざまな省庁があって、それぞれの省庁を代表する人間が何人もいます。それから、諸機関で作る委員会についても面倒を見ないといけないし。もちろん、議会も重要なクライアントです。法案を通して実際に事を動かすのは議会なんですから」

クライアントをはっきりさせるだけでは仕事は十分ではない。クライアントのことを深く知ることが大切なのだ。あなたは、クライアントたちそれぞれの役割や事情を考慮して、お互いのバランスを調整しなければならない。マシューズは、一番の方法は「定期的な交渉」だという。クライアントたちの本当の性質を知り、さまざまに対立するニーズをうまく扱う方法を考えるのはそう簡単ではないが、これが前もって十分に時間を費やしておくべき作業であるのは確かだ。

ニーズを押しつけるのではなく、引きつける。ビル・ロスがマッキンゼーを退社したとき、彼はパートナーのすぐ下、エンゲージメント・マネジャーの地位にいたが、当時は新規エンゲージメントの売り込みに頭を悩ましたことなどまるでなかった。だがGEに移ってからは、社外のクライアントこそいなかったものの、彼は自分が売り込みを始める必要があることを悟った。

「私のクライアントはこの企業のCEOだが、他にもクライアントはいるよ。各事業部の部長たちがそうだ。ビジネスの世界では、誰もが何かを売らなきゃならない。私の売っている製品は、私の〈アイデア〉だ。私はふだんから、みんなにちがう角度からの考え方を提案したり、私の考えを彼らに教えたりしている。こうして私のアイデアに注目させておけば、彼らは何か問題が起きたときに私のところにやって来てくれるんだ。そのためには、資源や時間の先行投資が必要だ。自分が提供できるものを彼らに意識させておけば、売り込みは自分からの押しつけではなく、相手からの引き合いになる。これが秘訣だよ」

これこそマッキンゼー式の間接的マーケティングのよい実例だ。ドアのすきまに足を突っ込んで押し入るのではなく、まず周囲からの評判を得て、あとはその評判に任せればいい。「あなたのニーズを満たすことができるのは、私だけだ」ということをしっかりアピールできれば、いずれクライアントの側から連絡してくるだろう。

効果的な売り込みのためには、クライアントのニーズを明確につかみ、そのニーズに関する専門知識やノウハウを蓄えておかなければならない。これを終えれば、間接的マーケティングの下準備は完了だ。みんなはあなたの考えに関心を示すようになる。すでに調査は終えているのだから、あなたは売り込みに声を張りあげる必要はない。潜在的なクライアントが、彼らのニーズとあなたの持っている専門知識を線で結べるようにしてあげよう。映画「フィールド・オブ・ドリームス」に出てきた「それを作れば、彼はやってくる」という天啓のように、みんながあなたを見つけられるようにすればいいのだ。

活用・実践ガイド

クライアントが誰で、ニーズは何なのかを考える。 さて、ここでUSA社の例に戻ろう。ハトメ事業部の新しい購入責任者、ルーカス（あなたが第6章で彼を雇ったことをお忘れなく）は、最初の教育プログラムを終えて、ようやく働き出す態勢が整ったところだ。だが不幸なことに、彼のクライアントが誰なのかを、誰もルーカスに教えていなかった。彼があれこれを報告することになっているのは製造部門の副社長のマデリーンだが、ルーカスはそれ以外の人たちにもいろいろと説明する必要があるように感じていた。

そこでルーカスは、この問題を整理するために、彼がやりとりしている人びとをすべてリストアップし、そのあともこのリストを定期的に更新していった。さらに、「それぞれの相手はルーカスに、どんなときに何を望んでいるのか」「それぞれの相手が自分の職務を果たすのに、ルーカスは具体的にどの程度貢献できるのか」もリスト化していった。仕上げに彼は、リストにあげた人びと全員に、その個性を表現する形容詞を二つ付け加えた。

こうして自分の立場を分析してみたところ、ルーカスにはただ資材を注文する以外にもいろいろとやるべき仕事があることがわかってきた。たとえば、上司のマデリーンからは、在庫量を低く抑えて在庫管理コストを減らし、不良資産化を避けることを期待されている。彼が買いつける部品で製品を作る製造監督者のグレースとザックは、自分たちの生産スケジュールが中断しないよう、ルーカスが適度な在庫を維持し、原材料や予備部品の品不足を起こさないよう望んでいる。

ルーカスの助手のマイクは、ただの電話番ではなく、もっとやり甲斐のある仕事をしたいと思っている。こうしたクライアントたちのニーズを総合的に検討した結果、ルーカスは、自分が在庫情報の管理を改善すれば、この組織全体に価値を付加できることに気づいた。彼は製造監督のコンピューターと連動できるスケジュール管理用ソフトを導入することに決め、これを使って毎日の費用報告を上司に行なうことにした。さらに、マイクがこのソフトを使えるよう、特別に社員教育を受けさせることにした。

ルーカスは幸先のよいスタートを切り、革新的な解決策によって社内での評判を高めている。彼がこうした成功を収めたのは、「自分のクライアントが誰で、彼らのニーズは何なのか」ということを慎重に考えたからだ。それからルーカスは、彼らのニーズに即した革新的な解決策を作りあげ、その効果を周囲の人びとに気づかせた。クライアントたちはもっとよい情報を求めて彼の元にやってくるようになり、それからルーカスがナレッジ・マネジメント事業部の製造情報担当に昇進するまで、そう長くはかからなかった。

練習問題

1　あなたの売り物は何だろう？　今自分が取り組んでいる仕事のなかに、社内の抵抗に遭っている仕事はないだろうか？　次に、その抵抗勢力について考えてみよう。何が障害となっているのだろう？　あなたのプランの効果を説明して彼らを説得する代わりに、彼らが直面している問題について、あなたの能力を活かして協力してあげよう。信頼のおける、事実に即した、生産的なアイデアを提案すれば、あなたの存在感は増し、彼らから広い支持を取りつけることができるだろう。

2　クライアントとの関係を調整する

さて、こうしてクライアントを引きつけ、獲得したあとは、お互いの関係を次なるステージに進めなければならない。つまり、クライアントとの関係を調整することだ。どんな関係にも言えることだが、関係を調整するときには、クライアント側全員の願望やニーズ、要求などを慎重に考慮しなければならない。

マッキンゼーのテクニック

このテーマに関しては、マッキンゼーは膨大な教訓を持っている。彼らのクライアントに対する強迫的なサービスぶりを考えれば、それも驚くにはあたらないだろう。ここでは、これらを一つずつ要約するのではなく、その要点をまとめて論じることにしよう。

- クライアントを巻き込む
- いつも客観的視点を忘れない
- クライアント・チームを味方につける
- 足を引っ張るクライアントのチームメンバーをうまく扱う
- 低い枝の実を採る
- 相手の組織全体の支持を獲得する

こうした教訓の数々に共通しているのは、次の二つのテーマだ。まず、クライアントを巻き込むためには、イニシアティブを発揮すること。状況を定期的に伝えるだけでなく、彼らを積極的に参加させる。問題のあるメンバーにも、率直に、相手の成長を促す態度で接する（そうしないと最悪の結果を招く）。小さな勝利で得た喜びは、戦局全体を有利に導く。前の章で出てきたマネジメントに関する教訓と同じように、「クライアントを巻き込むのは、他の仕事とはまったく別種類の、特に注意しながら取り組むべき仕事だ」ということをよく踏まえて、クライアント・マネジャーとしての役割をまっとうする。もう一つのテーマは、クライアントに配慮すること。彼らの予定に合わせて行動する。会合前に協議すべき事項を送る。彼らの時間を必要以上に無駄にしない。彼らの達成した仕事を評価する。クライアントのデータは絶対に外に漏らさない。

マッキンゼーでの教訓と成功例

「クライアントの巻き込み」というテーマには、他の職場に移ったマッキンゼー卒業生たちも共感している。これを実践したマッキンゼー卒業生たちのアドバイス内容は、「生産的にやる」「率先してやる」という点に尽きる。クライアントを巻き込む機会を作ることが大切なのだ。

クライアントを巻き込む機会を作る。 シャム・ギリダラダスはマッキンゼーを去ったあと、自分のコンサルティング企業、プリズム・コンサルティング・インターナショナルを立ちあげた。彼が学んだのは、内容の充実した、質の高い仕事を果たすだけでは不十分だということだ。ポイントは、「クライアントを巻き込めるかどうか」にある。

「素晴らしいコンサルタントに不可欠な要素は、事実に基づいた生産的な問題解決能力と、客観的で知性的で率直な提案だ。だが、これは必要なものの半分でしかない。コンサルティング内容が最も効果を発揮するのは、クライアント企業の裏庭でのことだ。だから、CEOだけでなく、クライアントの組織のあらゆる階層の人間をチームメンバーとして巻き込むことが非常に重要なんだ。〈マッキンゼー精神〉にとって一番大切なのは、素晴らしい問題解決を提供するだけでなく、エンゲージメントのあいだじゅう、絶え間なくクライアントとコミュニケーションをつづけて彼らを味方につけ、あとにつづく仲間を作ることだよ」

シャムは問題解決が実行される場所をうまく言い表わしている。それは「クライアントの裏庭で」行なわれるのだ。たとえば最近では、多くの製造メーカーの研究開発部が、製品開発のプロセスに顧客を巻き込むようになっている。顧客のところに偵察要員を向かわせ、自社製品が実際にどのように使われているのか、どこに改良の余地があるのかを現場で観察しているのだ。もう一つ、クライアントを巻き込むのに欠かせない要素が「絶え間ないコミュニケーション」だ。私たちがチームメンバーとのコミュニケーション不足よりコミュニケーション過剰のほうを好むように、あなたにもクライアントにたっぷりと関連情報を提供するようお勧めする。

活用・実践ガイド

クライアントと協力して成果を生み出す。最近、企業の重役会議室や大学の教室のなかで噂の的になっているのが、急速に変わりつつある組織形態の話だ。なかには「〈知的労働者〉たちが自分たちの提供するサービスをオープンで流動的な市場に売り込み、組織の枠組みも変化しつづける今日、もはや堅固な組織の時代は終わった」とまで言う人びともいる。この激震をもたらしたのは、有線／無線コミュニケーションに代表される新技術の数々と、グローバル化だ。未来予測は専門家に譲るとしても（彼らもそうたいしたものではないが）、顧客の役割がかつてとは変わりつつあるということは、まずまちがいない。

　現代の買い手は、より洗練されており、より多くの要望を持っている。だからこそ多くの企業は（コンサルティング企業も含めて）、顧客を価値創造のプロセスの最初から最後まで巻き込むようになってきたのだ。クライアントに関する先入観にとらわれず、クライアント側のチームメンバーたちの見解に触れる機会はないだろうか？　すべてが終わったあとでクライアントに報告したり製品を届けたりするのではなく、彼らと協力して成果を生み出そう。

練習問題

1　クライアントの〈巻き込み・協力《ディベロップメント》〉計画を作成しよう。あなたにとって一番重要なクライアントのことを考える。あなたの提供する製品やサービスの設計・計画プロセスには、クライアントはどの程度関わっているだろうか？　クライアントをあなたの組織に巻き込み、自分の仕事に協力してもらう機会がないかどうか考えてみる。発想はラディカルに。招待状を送る前に、互いが協力することで（あなたにとってもクライアントにとっても）確実にメリットがあると言えることを確認しよう。

3　クライアントを保持する

本章の最後の項では、クライアントと長くつきあってゆくためのテクニックを紹介しよう。マッキンゼーの企業戦略にとってはクライアントを保持することこそが生命線である。だからファームは、フォーチュン誌トップ一〇〇社や世界中の大企業のキーパーソンたちと深い関係を築く努力を重ねてきた。

マッキンゼーのテクニック

マッキンゼーはクライアントとの関係を重視する。関係維持のカギは、煎じ詰めればクライアントの期待を満たし、それを超えることだ。具体的にはどうやっているのかを見てみよう。

提案は厳しく実行させる。マッキンゼーは長い時間をかけてこの教訓を学び、実践してきた。かつてのファームは、素晴らしいアイデアの提案力と、その活用度の低さで知られていた。鋭い洞察を満載したレポートが、企業の書類棚でほこりに埋もれているというわけだ。同じ過ちを繰り返さないようにするためには、クライアントがあなたの提案を実行できる力量を持っているかどうかを見極めなければいけない。さらに、次の問題にとりかかる前に、「誰が、いつ、どのように」という具体的指示までを含めた、明確な実行プランを提供する。これはコンサルティング・プロジェクトだけでなく、将来の活動に価値創造の成否がかかっているような社内プロジェクトすべてに共通するルールだ。

マッキンゼーでの教訓と成功例

クライアントとの関係保持には長い目で取り組もう。どんな決定の際にも、その決定がクライアントとの長期的関係におよぼす影響を考える。マッキンゼーの場合、クライアントと長期間にわたって実り多い関係をつづけるために大切なのが、相手に持続的変化をもたらすことだ。かつては「マッキンゼーの弱点は実行力だ」と言われていた時代もあるが、クライアントの目が肥えてくるに従って、ファームもこのままではいけないことに気がついた。それまでのように、変化のための方法をあれこれ考えるだけでなく、実際に変化を起こすことを主眼に置くようになったのだ。卒業生たちはこの教訓を世界中の企業で実践している。彼らのアドバイスは次の通り。

- 責任を分け合い、そのあとに委譲する
- クライアントをヒーローにする

責任を分け合い、そのあとに委譲する。成果はいつかは手放さなければならない。クライアントを巻き込む努力を否定する人びとは、しばしばそうした努力は品質改善や成果向上につながらないと指摘する。だが、こうした見方はいささか短期的問題にとらわれすぎている。多少効率が悪くなる危険を冒してでも、クライアントを巻き込み、成長を促すことが大切なのだ。デューク大学のフクワ・スクール・オブ・ビジネスの教授となったボブ・ガルダは、意思決定のプロセスをクライアントと分かち合うメリットをこう指摘する。

「クライアントのマネジメントに関しては、いつも〈背後から支えよ〉というマッキンゼーの教えを思い出すようにしている。つまり、何か分析をやりとげたら、そのためのデータを提供してくれた人のところに行って、その分析を解釈するのを手伝ってもらうんだ。友だちがたくさんできること請け合いだよ。そうすれば彼らは、みんな君の味方になってくれる」

これは、前に出てきた〈クライアントの支持を獲得する〉というテーマとも関係してくる。問題解決のプロセスに巻き込まれたクライアント（社内でも社外でも）は、最高の擁護者になってくれる。すべてのプロセスをいっしょに進めれば、最後に物事を移管するのも容易になる。

クライアントをヒーローにする。 現在はアクセンチュアのパートナーを務めるジェフ・サカグチは、マッキンゼーから「問題解決のプロセスにクライアントを巻き込み、成果と賞賛を分かち合う」ことの大切さを学んだという。

「マッキンゼーとアクセンチュアが優れている分野の一つが、クライアントの組織に合わせることだろう。私たちは一番上の運営委員会の重要性も重々わかっているが、クライアントの全階層を巻き込んだ補完的チームを作ることも、同じくらい大切なんだ。クライアントは、みんなが考えているよりずっと有能だ。重要なのは、説明責任と情報開示を徹底すること。目的達成のためだけにメンバーを招集すること。権限は彼らにあたえて、僕らは彼らがその任務を達成するのを手助けするようにするんだ」

いったん「自分の仕事は、自分が勝利することではなく、クライアントの勝利を手助けすることだ」と考えてみれば、物事はいい方向に向かう。これは自分の利益を度外視しろという意味ではなく、日々の意思決定のときに、まず第一に相手のことを考えよ、ということだ。ジェフが言うように、自分のクライアントを信頼し、彼らが成功するチャンスをあたえよう。彼らと成功を共にするのは、あなたなのだ。

活用・実践ガイド

協力してもらう範囲をあらかじめ明確にしておく。この問題の難しいところは、クライアントを巻き込むという方針自体ではなく、どんなときにプロセスに巻き込むかという点だろう。これは、「巻き込まないのはいつか」というほうが適切かもしれない。これについては、二つのことをアドバイスしたい。

一つは、パイロット・プログラムの段階で「低い枝の実を採る」こと。ある製品や部署に関わる人物を一人選び、その人物のニーズを満たすための問題解決プロセスに、彼が抵抗なく協力してくれる分野を見つけよう。これで少し弾みがついたら、このプロセスを組織全体に広げていけばいい。もう一つは、プロセスをコントロールすることだ。クライアントによっては、こちらの言ったことを拡大解釈することもある。相手に協力してもらう範囲（相手に期待すること・その目的・タイミングなど）をあらかじめ明確にしておこう。

練習問題

1　他の業界でのクライアントを巻き込む活動を評価してみよう。あなたとはちがう業界を選び、その業界では製品やサービスの計画・提供にあたって、どの程度クライアントを巻き込んでいるかを考えてみる。クライアントを巻き込める機会はどんなところにあるだろう？　クライアントを、この章で説明したような形で積極的に利用している企業はどれくらいあるだろう？　もしあなたがその業界の人間だったら、どうやってクライアントの巻き込みを図るだろうか？

まとめ

マッキンゼーは、クライアントの組織に変化をもたらすために、クライアント自身を巻き込むよう努力してきた。どの業界であろうと、製品やサービスを計画・提供するプロセスにクライアントを巻き込むための方法を模索してみることは、決して無駄にはならないはずだ。また、一人の人間としても、相手を第一に考える姿勢からはいろいろなことが学べるだろう。

次の章では、もう一人、非常に重要な人物をマネジメントする方法について考える。あなた自身だ。

8
あなた自身をマネジメントする

マネジメント
- チーム
- クライアント
- ➡ あなた自身

分析
- 構造の把握
- 計画
- 収集
- 解釈

プレゼンテーション
- 構造
- 同意

ガイダンス

マッキンゼー人たちは、仲間うちでよく、「マッキンゼーの本当のヒエラルキーは、一番上がクライアント、次がファーム、一番下が俺たちだ」と皮肉る（自分たちが一番下であり、しかも、はるかに下だと言う人もいるくらいだ）。このヒエラルキーの一番下にいる自分自身について考えるには、本書の最後にあるこの章がうってつけの場所だろう。この最終章では、職場で、そして人生全般において、自分をマネジメントするために、マッキンゼー卒業生たちが実践している方法をいくつか紹介したい。

自己マネジメントという言葉（セルフヘルプとか自己改善といったお仲間も含む）の意味は、人によっていろいろだ。こうしたタイトルを冠して書店に並んでいる本の数々は、あなたの頭をもっと明晰にし、出世させ、幸福にし、恋を実らせ、さらにはダイエットまで成功させると謳っている。効果は保証つきというものさえある。

私たちの目標はもっと現実的だ。私たちは面接を通して、キャリアを成功に導き、仕事と家庭のあいだでバランスを取るのに使えそうな、ちょっとしたテクニックをいくつか知ることができた。ここでそれらを紹介して、実際に役立つかどうか、読者のみなさん自身に試してもらいたい。保証はなしだ。

本書の他の章で扱ったテーマとはちがい、このテーマについては「唯一最高の方法」はありえない。私たちはみな一人ひとりちがう人間なのだから、トムが仕事と生活のバランスを取るうえで役立った方法がディックにはまったく効果がなく、ハリエットにはひどい結果をもたらした、といったこともままあるのだ。だが、本書に協力してくれたマッキンゼー卒業生たちは、みな例外なく職業的経験を重ね、豊かな人生を築き、人生に成功している人びとだ。彼らはきっと、正気を失わずに成功する方法を知っているにちがいない。

1　職場での生活

本書の読者なら誰でも、何とかして組織の上層部に近づきたいと思っていることだろう（まだあなたがその地位を手に入れていなければの話だが）。この項では、今よりもう少し簡単に、そしてもっと早く、昇進する方法について考えてみたい。

マッキンゼーのテクニック

つるつる滑るファームの「昇進の柱」を登るために、マッキンゼー人はいろいろな諺を作っている。

自分だけのメンター（師匠）を見つける。誰か組織の先輩にあたる人をメンターと仰ぎ、その経験を参考にしよう。正式の指導プログラムを用意している会社もあるが、曲がりくねった企業人生をうまく先導してくれる師を率先して見つけるとよい。

シングルを打つ。と言っても、別に未婚《シングル》カップルを非難したいわけではない。これは野球のたとえだ。人間は何もかもをこなせるわけではないのだから、そんな努力はしなくていい。自分に期待された役目をきちんと理解し、それを着実にこなすことだ。いつでも自分一人ですべてをやり遂げることはできない。もしそれに成功してしまったら、次は周囲から非現実的な期待を背負わされることになる。そのあと一度でもその期待に背いたら、失墜した信用を取り戻すのは難しいだろう。ホームランを狙って一〇打席のなかで九回三振するより、毎回着実に（シングルヒットで）塁に出るほうがずっといい。

自分の上司を引き立てる。上司を立てれば、上司もあなたを立ててくれる。自分の仕事にベストを尽くし、上司が知っておくべきことは、くまなく報告すること。自分がどこにいて何をやっており、どんな問題を抱えているのか、上司がつねに把握できるように努めよう。ただし、上司を情報の洪水に溺れさせてはいけない。あなたの努力への見返りとして、上司は組織に対するあなたの貢献を評価してくれるはずだ。

自己主張するときはリスク覚悟で。目的を達成するためには、ときには自己主張も必要だ。権力や役職の真空地帯を見つけたら、誰かが手をつける前に、自分でその真空を埋めてしまおう。この戦略にはリスクも伴う。やればやるほど、組織のヒエラルキー自体も強まってしまうからだ。他の人びとの権限の限界を見極め、必要ならすぐに手を引けるように準備しておく。

よきアシスタントを確保する。上司から要求されるあれこれの雑事（たとえば文書のタイプやコピー取り、メッセージの連絡、ファイル管理など、数えあげればきりがない）をこなしてくれる補佐役の価値は、計り知れないほど大きい。秘書、助手、見習い、下級スタッフ…。あなたの組織で彼らをどう呼んでいるにしろ、彼らのことは大事にしよう。彼らにはあなたの要求やニーズをきちんと伝え、たとえ彼らが管理職になることはないにしろ、彼ら自身がキャリアを高め、昇進するための機会をあたえること。

マッキンゼーでの教訓と成功例

マッキンゼー人がファームを去って他の組織に移るときにはさまざまな変化があるが、意外なことに、ビジネスの世界を生き抜くストレスには変わりがないし、ときには増しさえするという。だが、マッキンゼー人は創意工夫に長けているし、それまでの厳しい企業人生を生き抜いてきたからこそ彼らの今の地位があるのも確かだ。卒業生たちは、自分がキャリアをマネジメントする方法のいくつかを、喜んで教えてくれた。

●自分ができないことは他の人間に任せる

●自分の人脈を最大限に活用する

自分ができないことは他の人間に任せる。本書ではここまで、他人の能力の限界を見極めるよう何度もアドバイスしてきた。クライアントの限界、自分の組織の限界、自分のチームの限界、そして自分の組織構造の限界に至るまでだ。ここでは自分に目を転じ、自分自身の能力の限界についても内省的に考えてみよう。その限界をあるがままに受け止め、大切にすることだ。現代の組織のなかでは、ワンマン・バンド方式は長つづきしない。タイガー・ウッズだって、全部のゴルフトーナメントに出場しているわけではないのだ。

自分の限界を自覚すれば、それを回避する方法もおのずと見つかる。それは、たとえばただ自分の助手に旅行の手配と留守連絡を任せるというだけの話かもしれないが。ビル・ロスはこう言っている。

「最近は、何でも頭に〈e〉がつくようなご時世だから、周囲の人びとに頼るのは昔より難しくなってきた。助手の役割が少なくなったせいで、私たちはささいな仕事でも自分で電子技術やテレコミュニケーション機器を使いこなさなきゃならない」

だが問題解決に関しては、まだ人間の頭脳にとって代わる機械は発明されていない。自分自身で何もかもこなせない以上、あなたが背負っている重荷を共に支えてくれる仲間や部下を作る必要がある。それは正式なチームかもしれないし、何かことがあったときに声をかけられる非公式な人脈かもしれない。有能で信頼できる人材を見つけたら、決して手放してはいけない。彼らは黄金にも勝る価値を持っているのだ。

あなたはまだ誰かに仕事を任せるような立場ではないかもしれない。水は低いほうへ流れるものだ。その場合は、あなた自身が誰かにとって頼れる人物になればいい。やがては、もう少し上流に移ることができるだろう。

自分の人脈を最大限に活用する。 あなたにはこうした内々の仲間だけでなく、他にも経験や価値観（つまり、文化）を共にする友人や知人がたくさんいるはずだ。以前の職場の同僚、大学やビジネス・スクールの同級生、同じ教会に通う信徒でもいい。どんなところで知り合ったにせよ、彼らはあなたの人脈の一部だ。彼らは、ときにはびっくりするような形で、あなたの前進や昇進の助けになってくれるかもしれない。

マッキンゼーの社員たちは一般的な企業に比べてずっと強いきずなを持っており、マッキンゼーもそのきずなを維持するための努力を重ねてきた。どちらかといえば、それは小さな大学の同窓会組織に近いかもしれない。たとえば、ニューヨークのマッキンゼー関係者が、マッキンゼーのカルカッタ支社のコンサルタント宛に連絡を残せば、その日のうちに返事をもらえるようになっている。その一方で、マッキンゼー卒業生たちが他の企業の出身者にも同じような応答を期待することはしばしば問題になるのだが。この本自体も、マッキンゼー卒業生たちの反応の良さのいい実例だ。ここまで登場したマッキンゼー人たちが、（ほとんどの場合は）一度も会ったことのない二人の著者のために多忙なスケジュールの合間を縫って協力してくれなかったら、本書を書きあげることはできなかったろう。

もちろん、ほとんどの企業の経営者は、マッキンゼー並みにしっかりした同窓会組織を作ったりはしていない。それなら、あなた自身でネットワークを作ればいい。大学の同窓会仲間と連絡を取りつづけよう。かつての同僚やクライアント、あるいはライバルとの関係も絶やしてはいけない。彼らはいずれ、あなたに手を貸せる地位に就くかもしれないのだ。

もう一つ、人間関係は〈持ちつ持たれつ〉ということを忘れないように。いざというときに誰かに手助けしてもらいたいのならば、いつでも周囲の人びとに協力できるようにしておこう。他にも、「撒き餌《まえ》」は欠かさないほうがいい。たとえば、そう、自分の出身校や昔の職場の見知らぬ後輩から突然電話がかかってきても、自分にできる範囲で相手に協力すること。その相手は、いつか自分を助けてくれる立場になるかもしれないのだ。

2 個人的生活

マッキンゼー人の人生は、仕事と生活のあいだでの板ばさみの連続だ。マッキンゼーのコンサルタントは、長時間働き、労働時間いっぱいまで家に帰らず、週末にも出勤する。彼らの多くは、伴侶と夕食を共にしたり、子どもを寝かしつけたり、日曜日の朝刊にじっくり目を通すことすらままならない。

だからファームで成功をつづけるには、仕事と個人的生活のあいだでうまくバランスを取ることが非常に重要になる。みんながそれに成功しているわけではない。多くのマッキンゼー卒業生は、自分はそのバランスが取れなかったせいで、あるいはいったん見つけたバランスが意に添わなかったからマッキンゼーを辞めたのだと率直に語ってくれた。二十代の独身コンサルタントの頃はうまくいっていた方法が、三十代の既婚の子持ちにも通用するとはかぎらないのだ。

だが、管理職のプレッシャーに耐えて働きつづけながら、それでも健全な精神状態を保ち、結婚生活を守り抜くコツを身につけた卒業生たちも確かにいる（たとえそれが手痛い教訓のあとにであっても）。昇進のためのアドバイスと同じく、これらも誰に対しても効果を発揮するようなアドバイスではないかもしれない。私たちとしては、読者のみなさんの役に立つことを祈って、これらの教訓を紹介したい。

マッキンゼーのテクニック

マッキンゼー人はよく、自分の生活のための時間がほとんどないことに愚痴をこぼす。それでも彼らは、次の二つの教訓を示唆してくれた。

旅から旅の生活を楽しむ。現代のビジネスマンにとっては、出張は生活の一部だ。出張のマイナス面でなく、プラスの面を見るようにしよう。どこか面白い土地に出かけたら、その地を存分に楽しめばいい。目的地がそれほどエキゾチックでないところなら、あらかじめ計画を立てて、仕事を最小限ですませるようにする。そのあとは荷物を小さくまとめ、交通の便があるのを確かめてから、仕事を終えたあとの時間を自分なりの楽しみ方に費やそう。いつもの働いて食べて寝るだけの生活サイクルに、旅先の人生まで巻き込んではいけない。

自分の生活を手に入れたければ、何かルールを作る。週八〇時間以上も働いたら、他のことをする時間など残るはずがない。自分の生活時間が欲しいなら、そのための工夫をしなければならない。一週間のうち一日だけは、仕事をしてはいけない聖域にする。仕事と家庭を分けること。空き時間ができそうなときには、やるべきことの計画を立てておく。ときには周囲の都合で自分のルールを破らざるをえなくなることもあるかもしれない。だが、あらかじめ周囲の人びと（上司や同僚、妻や夫、子どもたち）にこのルールを宣言しておけば、彼らもそう無理は言わないはずだ。

マッキンゼーでの教訓と成功例

いったん出世街道に乗って、毎日忙しく働き、いろいろな方向に振り回されていれば、そのストレスも相当なものになる。プレッシャーに耐えながら健全な精神状態を保つには、仕事とその他のあらゆることのあいだで、ちょうどいいバランスを見つけなければならない。その均衡点は人によってちがうため、ある人にとっては耐え難い仕事量が、別の誰かには軽すぎるということもある。自分がどのあたりでバランスを取るかはともかく、マッキンゼー卒業生たちのあたえてくれた次の教訓は、自分の求めるバランスを見つけだし、維持するのに役立つだろう。

●自分の時間を大切にする
●自分の精神状態をチェックする
●重荷は分かち合う

自分の時間を大切にする。仕事というのはガスみたいなもので、時間に余地があるかぎり膨張していく。マッキンゼーでも、この事情は同じだ。ニューヨーク支社には、週に一〇〇時間、惜しみなく働き、まだやれることがないか探し回っているような連中もいる。これほど企業家精神に鼓舞されていない、たとえばヨーロッパのような地域でも、マッキンゼーは容赦なく従業員を働かせる。今はチェンジワークス社で働くハイナー・コパーマンは、こんなジョークを飛ばしていた。

「マッキンゼーのドイツ支社では、みんな週三五時間労働が大好きでね。だから毎週二回もそれを繰り返してたんだ」

ファームを（多くの場合は、よりよい生活を求めて）去ったマッキンゼー卒業生たちは、たいていの場合、他の組織の管理職になっても仕事量がぜんぜん減らなかったことにびっくりする。ある卒業生はこう要約している。

「仕事は絶対なくならない。毎朝六時に出勤して夜の八時まで働いても、まだ終わらないんだ」

だが、彼はこんなヒントもあたえてくれた。

「だから夜八時までは働かないことにした。仕事がどうしようもなく煮詰まってるのでないかぎり、五時きっかりに帰る。時間を有効に使うために」

自分の時間をどれだけ仕事にあてるかは、あなたの組織の社風や自分の地位、昇進への野心などを考えあわせて判断すべきだろう。その結論は週四〇時間かもしれないし、週九〇時間かもしれないが、それが結局あなたにとってベストのバランスなのだ。土日を仕事に使うかどうかも決めておくほうがいい。

その数字から逆算して、自分のスケジュールを決める。一日をいつ始めるかを決めるのは比較的簡単だ。職場への通勤時間を考えて目覚ましをセットすればいいだけの話なのだから。やっかいなのは、帰りぎわである。帰宅予定より三〇分以上長引きそうな会議や仕事があるときは、それをつづけたい誘惑を断ち切って家路につくこと。もし誘惑に負けてしまえば、会議は長引き、三〇分はたちまち一時間になる。この法則を知らなければ、結局あなたは毎日夜一〇時まで残業するはめになるだろう。

周囲の人びとにも、あなたの時間を大切にしてもらう必要がある。あなたが一生懸命働き、そのぶん昇進していけば、周囲もそれだけあなたの時間を求めてくる。古い諺に「ストレスとは、心では〈いやだ〉と思っているのに、口が〈はい、喜んで〉と答えているときの感情だ」というのがある。そんなときにもちゃんと「いやです」と言えるよう、自分の口を調教しよう。相手が自分の力になってくれる程度に応じて、相手に割ける時間と優先順位を決めておく（もちろん、政治上の理由で多少の〈時間漏れ〉が生じることは諦めよう。上司から会議に出ろと命令され、上司を説得できなかったら、もうどうしようもない）。同僚にも、自分は限られた時間しか持っていないことを理解してもらう。こんなときは、リア・ニダースタッドがリーディング・イズ・ファンダメンタル社に勤めていたときのエピソードのように、ちょっとしたユーモアが役に立つかもしれない。

「私は当時、みんなが取りかかっていた戦略プランに関する情報センター役みたいな立場になっていたの。おかげで私の電話は鳴りやむことがないし、みんなはひっきりなしに私のオフィスのドアをノックする。彼らが欲しいデータは他の人が持っているのにね。それである日、私の同僚が、青いリボンの飾りがついた可愛らしい木製のプレートをプレゼントしてくれたの。そのプレートにはきれいな字体で〈あっち行け！〉と書いてあったわ。ドアにそのプレートを下げたときには同僚たちはみんな笑ってたけど、それ以来、どうでもいい用事で邪魔されることはずいぶん減った気がする」

どんな方法を使うにしろ、周囲の人びとにあなたの時間の大切さをわかってもらえば、あなたの生産性は上がるし、一日の終わりまで仕事に追い立てられることも減る。

自分の精神状態をチェックする。ビジネスの世界と同じく、実生活のなかでも、ときどきは一歩下がって絵の全体を眺める必要がある。もしあなたが、毎日子どもたちが起きる前に会社に向かい、帰宅するのは東京との電話会議が終わった午前一時、妻や夫の顔を見るのはベッドにもぐり込むときだけ、といった生活をつづけているようなら、ちょっと自分に問いかけてみたほうがいい。あなたは仕事を楽しんでいるだろうか？　自分の上司に満足しているだろうか？　自分の会社についてはどうだろう？　もし答えがノーなら、あなたの今の仕事ぶりに対する将来的な見返りは、あなたが今犠牲にしているものと見合っているだろうか？　もし犠牲にしたものと見返りが釣り合っていないと思うなら、今の仕事や地位はあなたにふさわしくないのではないだろうか？　もしその仕事や地位が自分にふさわしくないと思うなら、それを変えるために何をすべきだろうか？　毎日えんえんと働き、ひっきりなしに出張に出かけ、家族の顔を見られないどころか家にも満足に帰れないようなとき、マッキンゼー人たちも自分にこう問いかける。その結果、彼らの多くがマッキンゼー卒業生となったのだ。

職を変えるのは唯一の方法ではないし、辞めるという選択肢を選べない場合もままある。そんなときには、あなたの状態を周囲の人びとに理解させることで、周囲が自分に過大な期待をしないようにしてもらい、状況を改善することができるかもしれない。妻や夫があなたの働き蜂ぶりにいらいらしているようなら、将来的に十分な見返りがあることをきちんと説明すべきだろう。そこで説得力のない説明しかできないなら、そんなに仕事ぶりに本当に意味があるのか、改めて自問自答してみたほうがいい。上司があなたに、クリプトン星からやってきたスーパーマンのような働き方を期待しているなら、上司を地球の現実に立ち戻らせるべきだ。

毎日の仕事が、ただ長時間働き、絶え間ない要求に応じつづけるだけになりはててしまえば、自分のやっていることにどんな意味があるのかわからなくなるのも当然だ。一歩下がって絵の全体を眺め、何が問題なのか考え直してみよう。ソクラテスも言うように、結局「思慮のない人生など、生きるに値しない」のだから。

重荷は分かち合う。仕事と家庭のあいだのバランスを模索している人には、ボブ・ガルダ以上のアドバイザーはいないだろう。彼は二七年間をマッキンゼーで過ごし、ファームのディレクターとマーケティング・プラクティスの責任者を務めてきた。もっと重要なのは、彼がマッキンゼーやそのあとの地位のストレスに耐えながら、ちゃんと結婚して家族を育んできたことだ。その秘密は何だったのだろう？

「妻だよ。私が伴侶に選んだ女性は、自分自身で楽しみを見つけられるタイプなんだ。彼女は本当の意味でのパートナーだ。私たちは生活上の役目や責任をどう分担するか、早いうちから決めていた。たとえば、彼女は私より配管工や電気工のあしらいがずっとうまいので、そういう問題は彼女が面倒を見ることになった。他のマッキンゼーのパートナーは、これとはちがうやり方をしていると思うが。他にも、私はよく仕事の話をして、クライアントに関する妻の意見やアドバイスを求めているよ。彼女は舞台裏で活躍する重要なチームメンバーなのさ。それに私のカウンセラーや批判者の役割も務めてくれる。

それから、私がいないときに妻が決めたことを、あとからああだこうだと批判したりしない。実を言えば、一回だけやって懲りたのさ。子どもたちに二人の仲の良さを見せるために、私はいつも彼女の行動を支持することにしているよ」

ボブが学んだ通り、この手のバランスを取るにはお互いの協力が大切だ。ボブはこうつづける。

「私たちは早くから、大事なのは二人で過ごす時間だと思っていた。子どもたちといっしょに過ごす期間は、結婚生活全体から見ればほんの一部でしかないからね。だから私たちは、どちらかの出張にからめて、毎年〈ハネムーン〉の週を作ることにしたんだ。〈祖父母は孫の相手をするのが大好きだ〉って法則を利用してね。

それからは私も成長したらしく、むかし人から言われたように、家族とはただ〈上質な時間〉を過ごすだけじゃいけないことにも気がついた。〈十分に長い時間〉過ごすことが必要なんだ。子どもは浮かんできた疑問に、今すぐ答えてほしいものさ。三日後に父親が帰ってきたときじゃなくてね。私はその気になれば持ち時間すべてを仕事につぎ込むこともできただろうが、私には家族と過ごす時間のほうが大切だった。だから、なるべく家に帰れるように出張のスケジュールを調整したし、週末には仕事をしないことにした。自宅に仕事を持ち帰らなきゃならなかったときは、みんなが寝たあと、夜一〇時から午前二時まで仕事をやったものさ」

ボブは仕事を始めてすぐに、職場であろうと家庭であろうと、ワンマン・バンド方式で物事を進めるのは無理があることに気がついた。そこに重荷を分かち合ってくれる人がいれば、話はまったく変わってくる。

あなたが独身で誰も相手がいない場合（そういう主義なのか、結果として相手がいないだけなのかはともかく）や、自分の求める相手と生活することに法的な障害があるような場合はどうすればいいのだろう？　私たちは結婚以外の方法を求める人びとを否定するつもりなどない。互いの重荷を分かちあう仕組みとして最も一般的なものが結婚制度だというだけのことで、他に方法がないわけでもないし、結婚が必ずうまくいくともかぎらない。友人や家族も、あなたを支え、重荷を分かちあってくれるはずだ。ただし、誰かに頼り、支えてほしいと思うなら、自分も相手にとって頼れる存在にならなければいけない。結婚と同じように、率直かつ誠実に相手とつきあうという義務を引き受ける必要があるのだ。

重荷を分かちあうということは、結局のところ、相手の期待に対して率直になることでもある。あなたが今後五年間、毎週週末まで働きつづけるつもりなら、妻や夫にも正直にそう言い、相手がそれで満足かどうかをよく確かめよう。相手が満足しないなら、どこかで妥協が必要になる。それから、いったん「週末は働かない」「毎週三回は夕食を作る」などと約束したら、命がかかっているのでもないかぎり、その約束を守り抜くことだ。毎週その命がけの事態が起こるようなら（あなたが救急病院に勤めているなら話は別だけれども)、自分の優先順位のつけ方を反省したほうがいい。マッキンゼーを去ってプリズム・コンサルティング・インターナショナル社を設立したシャム・ギリダラダスは、こう言った。

「私はファームを愛していたけど、家族のほうが大切だったんだ」

練習問題

この項には練習問題は用意しなかった。人生は練習するものではなく、生きるものだ。あたえられた人生をせいいっぱい生きよう。

まとめ

他の章とはちがい、この章では、はっきりした解答を用意するつもりはなかった。あなたが本章から、自分のキャリアと人生をほんの少し豊かにするための何かを見つけてくれれば、私たちの目的は果たされたと言っていいだろう。

自己マネジメントに関連して、最後にもう一つ。

私たちの考えでは、実業界の人びとの多くは、ほんの少しリラックスして、自分の手綱をゆるめることの意義をわかっている。これは、自分自身について真剣に考えるなという意味ではない。みんながTVドラマの「ザインフェルド」に登場するキャラクターのように、あらゆる世事を超然と見るような冷笑的態度を身につけたりしたら大変だ。

私たちが言いたいのは、「人生には、次の営業回りや報告書書きに取りかかる以外にも、やるべきことがある」ということだ。先にも述べたように、自分の視野を広げ、自分の人生を職場の範囲にとどめないようにしてほしい。

さて、私たちはようやく「マッキンゼー式 世界最強の問題解決テクニック」をめぐる旅を終えた。あなたが本書から、自分の意思決定のやり方や内容を改善し、自分のアイデアを人びとに伝えて組織に変化を起こすためのヒントを、いささかなりとも摑んでくれればと思う。

私たちの「マッキンゼー式 世界最強の問題解決テクニック」のモデルを支える三つの要素、つまり〈分析〉〈プレゼンテーション〉〈マネジメント〉に共通するエッセンスを何か一つあげるとすれば、それは「真実」だ。言うまでもなく、問題解決の最終目標は、ある事実を発見して、それを伝達することにある。これは正しい決定を下し、よい変化をもたらすための方法だ。だが真実の探求は、たんに株主の利益を増やすためだけにあるのではない。真実とは、自由市場と自由主義社会を支える命綱なのだ。真実がなければ、個人の運命をコントロールすることもできないし、変化しつづける社会に真の進歩をもたらすこともできない。古代ギリシア時代から言われるように、真実が虚偽と迷信に取って代わられるとき、自由は失われ、専制と野蛮がはびこるのだ。

真実の意義の大きさは、これにとどまらない。一八〇〇年前に書かれた、ユダヤ教の律法とラビの説話を集めた法典「タルムード」には、賢人シモン・ベン・ガムリエルのこんな言葉が収められている。「世界は三つの要素から成り立っている。正義、真実、そして調和だ」。そして、この三つのなかで一番大切なのは真実である。なぜなら、真実がなければ正義はありえず、また虚偽に基づく調和は、やがて不和と争いを招くことになるからだ。

最後の話は、問題解決やマネジメントのテクニックからは遠く離れてしまったかもしれない。公正で自由な社会を維持する難しさに比べれば、USA社のスラム・マット事業部の収益性を向上することなど、ささいな話に思えてくる。だが、私たちが一人の人間である以上、地に足の着いたところで物事を考え、できることをするしかない。自分にやれる範囲で、可能なかぎりの真実を追い求めよう。そうすれば、この世界はもう少しだけいい世界になる。本書があなたの探求の旅のガイドとなれば幸いだ。

謝辞

まず、共著者のポール・フリガに感謝したい。本書ではチームワークの素晴らしさについて詳しく述べているが、私たちのコラボレーションに優るチームワークの成功例は思いつかないほどである。本書は、そのおかげで、はるかに充実したものになった。ポールは私の思考を新しい生産的な方向へと駆りたててくれ、その点ではおたがいに影響しあったと思っている。

——イーサン・ラジエル

もちろん、共著者のイーサン・ラジエルにまず感謝したい。第一に、イーサンは単独で執筆した『マッキンゼー式 世界最強の仕事術』ですでに大成功を収めているのに、私を共著者に迎えてくれた。第二に、信じられないほどの知見、熱意、目標を示してくれた。第三に、あくまでやり抜く、ストーリー性を持たせる、無私になることについて教えてくれた。

——ポール・フリガ

本書を完成させることができたのは、多くの人びとのおかげである。まず、私たちのエージェントであるジェームズ・レバイン・コミュニケーションズ・インクのダニエル・グリンバーグ、編集者のメアリ・グレン、キャサリン・ヒンクバイン、そしてこの本を形にしてくれたマグローヒル社の担当チームの人たち。ジョー・バートン、サイモン・カーン、ジェリー・フリガ、エド・プリングル、ポール・サンソンは、原稿の初期段階において見識ある提案をしてくれた。私たちのリサーチ・アシスタントのリンゼイ・ケージ、レベッカ・ジョーンズ、カレン・ジャンセンは、質問を管理し、案件を調査し、資料を整理してくれた。ノースカロライナ大学キーナンフラグラー・スクール・オブ・ビジネスのデビッド・アーンストハウゼンは、本書のナレッジ・マネジメントの項で専門家として補佐してくれ、同大学のペギー・ピカードは、何度にもおよんだ会議やブレーンストーミングに便宜をはかってくれた。

　なかでもいちばん感謝したいのは、面接調査に応じ、質問に答えてくれたマッキンゼー卒業生の面々である。ジム・ベネット、オモワレ・クレンショウ、ディーン・ドーマン、ナラス・イーチャンバディ、ボブ・ガルダ、エバン・グロスマン、エリック・ハーツ、ポール・ケニー、スティービ・マクニール、シルビア・マシューズ、ビル・ロス、ラリー・ルベラス、ジェフ・サカグチ、ダン・ビート、スティーブ・アンダーソン、アラン・バラスキー、マーサ・ブルー、ロジャー・ボワベール、フランチェスカ・ブロケット、ボブ・バックスボウム、キャラ・バーナム、S・ニール・クロッカー、ドミニク・ファルコウスキー、ブラッド・ファーンズワース、シャム・ギリダラダス、バーバラ・グース、フランチェスコ・グリロ、レジー・グローブス、フレッド・キンドル、デボラ・ナッキー、ハイナー・コパーマン、クルト・リーバーマン、リー・ニューマン、リア・ニダースタッド、ロン・オハンリー、ライナー・シゲルコウ、チャッコ・ソニー、ジェームズ・ウェランのほか、個人的な理由で匿名を希望されている多くの卒業生たち――。この本を執筆することができたのは、この人たちのおかげである。

本書は英治出版より二〇〇二年四月に刊行された『マッキンゼー式 世界最強の問題解決テクニック』を文庫化したものです。なお、本書で取り上げられた人物の所属企業・役職等は、同書刊行時のものです。

SB文庫

マッキンゼー式《しき》
世界最強《せかいさいきょう》の問題解決《もんだいかいけつ》テクニック

2006年10月7日　初版第1刷発行

著者　イーサン・M・ラジエル、ポール・N・フリガ
訳者　嶋本恵美《しまもとえみ》、上浦倫人《かみうらりんと》

発行者　新田光敏
発行所　ソフトバンク クリエイティブ株式会社
〒107-0052　東京都港区赤坂4-13-13
電話　03-5549-1201(営業部)
印刷・製本　中央精版印刷株式会社
デザイン　タカハシデザイン室
フォーマット・デザイン　米谷テツヤ
本文組版　谷敦

落丁本、乱丁本は、小社営業部にてお取り替えいたします。
定価は、カバーに記載されております。
本書に関するご質問等は、小社第2書籍編集部まで
必ず書面にてお願いいたします。

ISBN4-7973-3739-7